建築家の多様

内田祥哉　研究とデザインと

内田祥哉＋内田祥哉の本をつくる会――著

建築家の多様

目次

内田祥哉インタビュー
研究とデザインと

作品写真

井上 玄●撮影

論考

内田祥哉●文

年譜

●写真（撮影：井上玄）
カバー表｜電気通信中央学園
［現NTT中央研修センタ］講堂
カバー裏｜有田町歴史民俗資料館
P. 3｜佐賀県立博物館

内田祥哉インタビュー

研究とデザインと

笄町の家で

私が生まれたのは一九二五年五月二日。出生地は、今流にいえば、東京都内の病院なんです。その頃、内田家は龍土《りゅうど》町（東京都港区）に住んでいたんですが、僕はよく覚えていないんですよ。というのは、僕は六つまで父親と別に住んでいたからです。小学校にはいって二年目から父、内田祥三設計の笄《こうがい》町の家でいっしょに住むようになりました。それまで麻布の南山小学校のある麻布十番のあたり、宮村町で父の妹である叔母に育てられていたのです。その頃の記憶というと、一番近い繁華街の麻布十番によく買い物に行きましたね。でも、身体が弱くて、しょっちゅう人力車でお医者さんに行っていたのを覚えています。

龍土町の家は、和風で、木造のごく普通の家でした。龍土町には龍土軒という有名なフランス料理屋があって、父に連れられて行きましたけれど、まだ学校に入る前だったから、よく覚えていません。

笄町の家は、昭和六年に引っ越しました。それも、できたというより、できかけの家に引っ越した。あの頃の和風の家というのは、住んでから一年くらいたたないと、漆喰《しっくい》の壁仕上げは完成しないのが普通でしたから、鉄筋コンクリートの家でも仕上げがしてなくて、完成するまでに一〇年以上かかりました。ある意味では完成しなかったんじゃないでしょうか。引っ越した時も、外側だけできていて、内側は仮枠を外しただけで番線が出ているような家でした。洋間と日本間がありました。和館というのは、戦後できた言葉じゃないかな。

笄町の家は、内田祥三作品集に出ていますから、みなさんよくご存じでしょうが、外壁がスクラッチタイルの鉄筋コンクリート住宅で、敷地二百坪。麻布のあたりは、大きい家が多いですか

内田祥三邸 外観
（『内田祥三先生作品集』より）

ら、特別大きいというわけではありませんでした。でも、よく目立っていましたね。麻布中学校の生徒が家の前の坂（堀田坂）を通っていました。あのスクラッチタイルは、一高や東大の建物のためにつくられたのと同じものを使っています。

きょうだいは三人。兄と姉と僕。兄とは一二年も年が離れているし、小さい時いっしょにいなかったから、つきあったのは大学に入ってからだけど、建築のことをいろいろ教えてくれて、短い時間でしたがたいへん密につきあいました。

戦後、兄は東京都の復興コンペに応募して、僕も手伝いをさせてもらいました。それでコンペのやり方を覚えたし、ライバルは丹下健三さんだったから、そのやり方も知ることができました。コンペはどういうふうにしてやるのか、すごくよくわかった。だから兄は若くして死んでしまったけれど、その後、一人でコンペに挑戦し続けたわけです。

姉は七つ上。子どもの頃の七つ上の姉は、全然歯が立たない関係です。姉は、わりと、にぎやかな人で、話題に事欠かないという性格で、今も健在です。

母は、一生健康でした。うちの女性たちはみんな健康です。姉も母に似て、長生きしていますし。母は一〇一歳近くまで笄町の家に一人で住んでいました。

地下で洗濯すると干すのに四階まで上がらなくてはならない。それが、健康のもとだったのではないかと言っていました。ドライエリアがとりかこんだ地下室が洗濯室やボイラー室でした。

戦前の東京、小学生たちの日々

先に話したように、小学校一年までは、宮村町にいて、麻布小学校に行っていました。そこは、わりと、中産階級の人たちが通っていた学校でしたが、笄町に引っ越して、笄小学校に転校すると、笄小学校の生徒の中に、スラムの子がかなりいました。そこで、いろんなことを経験しました。でもそれは、いい経験でした。墓地の下あたりにスラム街があって、床がなくて、わらを敷いて生活している人たちもいたようです。そういうところから来ている子たちは、学校にいるときには、ほかの子と違わないように見えるのだけれど、服も、教科書も、時にはお弁当も、実は支給で、それを先生方は、絶対にわからないようにしていました。でも、その中には、ほんとうに優秀な人が幾人かいました。

小学校六年を卒業した時に、中学校、商業学校、工業学校、尋常高等小学校、この四つを合わせて進学できるのは、半分もあったでしょうか。中学校に進めるのは、ごくわずかでした。ほんとうに優秀な人たちでも進学しなくて、すぐに働くわけですけれど、僕の知っていた優秀な子たちは、みんな結核で若いうちに亡くなってしまいました。

僕の兄や姉は、小学校時代は、龍土町に住んでいましたから、麻布小学校。僕だけが笄小学校でした。笄小学校では、磯先生という立派な先生を覚えています。クラスにはスラムの子どもたちが混じっているから、家に帰っても、宿題ができません。だから、学校に残して、宿題を解き終わるまで、子どもたちを帰さない。僕もなかなか帰れなかった覚えが何べんかありました。

小学校は一クラス六〇人。入った時は規格型の木造校舎で、六メートル（三間）×九メートル（四間半）の教室に六〇人というのは、非常にきゅうくつでした。それをコンクリートに建て替えることになり、一年半ほどかかりました。その間、ホテルオークラあたりにあった学校に片道三〇分も歩いて通いました。

家の近くの有栖川公園は、格好の遊び場で、はじめ柵がしてあって入れなくなっていましたけれど、乗り越えてよく入りました。今と同じで、池があって、カエルを捕まえたりしました。遠征気分で行ったのは、歩兵第三連隊ね。今の外苑西通と外苑東通の間にありました。射撃場の土手を滑り降りるのがとても楽しいんだけれど、全身泥んこになるから、家に帰ってよくしかられました。

笄町の家の暮らし方

笄町の家は、部屋数が多いわりに一部屋ずつが小さいんですよ。椅子に座って生活するには、どの部屋も狭いんですね。僕は叔母のところからやってきたので、姉の部屋を一部あけてもらって、ある意味では、居候のように住んでいました。暮らし方は、洋室の床に、ふとんを敷いて寝るというスタイルで。床はフローリング、一部寄木でした。和室は客間なので、普段は使わない。兄や姉が正月などに友だちを呼ぶと、宴会をしたり、父の恩師の先生方をご招待したのが印象的でした。僕は小学生だったけれど、よく記憶しています。伊東忠太先生が目の前で、色紙に、あっという間に絵を描いてくださった。落款も手書きです。もちろん、辰野金吾先生や中村達太郎先生も来られました。そういう時に日本間を使ったのです。

僕の家に友達が遊びに来たことは、ほとんどありませんでした。笄町の家は、洋館でも、家の中は、下足でなく、上足。スリッパ履きでした。

僕は、結婚する三〇歳までこの家にいました。この家には、戦争中から戦後にかけて、家のなくなった親戚が大勢はいってきてごったがえしていました。それから、ちょっと静かになったと思ったら、洋館のほうは連合軍に接収され、家族は和館に、ぎゅうぎゅう詰めになって住んでいました。接収が解除されてから二年くらい、三階の部屋に住んでいました。

洋館が接収されていた時は、和館と洋館の継ぎ目のところの延焼防止のためのシャッターを閉じて行き止まりの壁になっていました。その手前の、三尺かける六尺くらいの廊下の部分が私の部屋で、そこに一切の持ち物を入れて住んでいたんです。接収された部分は、ソ連大使館が使っていて、シャッターの向うからは声が聞こえてきました。だから、僕は、本物の鉄のカーテンの際にいたわけです。

父、内田祥三の建築趣向は、書院造でした。絶対に数寄屋や民家造ではないんです。洋館は、三尺モジュールでできていて、コンクリートの柱・梁が太いので、どの部屋も狭く、何となく、きゅうくつでした。食事は庭の見える食堂でいつも家族いっしょでした。椅子やテーブルが立派だったりするから、家族全員揃うと、椅子の後ろや前を通るのが容易じゃない。兄は、まったく飲めないので、お酒は、父一人です。厨房は廊下を隔てて別になっていて、厨房から階段を降りたところに洗濯場がありました。食堂は居間を兼ねるというスタイルで、食事が終わってからもいつまでもみんなそこにいました。

食堂には大きな丸いテーブルがあって、家族の数だけ椅子がある。父は、そこで、ちびりちびりと晩酌をする。和風でいえば、茶の間ですね。その隣の暖炉のある部屋には、ピアノがあって、姉が弾いていました。

食堂につながったサンルームは冬は寒く、夏は暑いんです。暖房は、蒸気暖房です。石炭庫は地下にあって、戦争が始まる前、お手伝いさんがいた頃までは、操作もうまくいっていたのですが、家族でするとなるとたいへんでした。和室の前にある庭の池には、金魚やメダカがいました。

施工は大林組だから、仕事は上等でした。私が自分の家を増築した時、父の書斎の扉を玄関に

右／内田祥三邸 日本間
左／内田祥三邸 サンルーム
（『内田祥三先生作品集』より）

もらいました。父の書斎は二階。父と母の寝室は南西向きで、西日があたって暑かったようです。私と姉が使っていた部屋は二階南向き。兄の部屋は三階で、それが後に僕が使うことになった部屋です。三階にはベランダがあって、二階の屋上が物干しになっていました。そこから屋根の上に登れるので、空襲の時は棟にまたがって、焼夷弾の落ちるのを見ていました。よく爆弾に当たらなかったと思います。家には防空壕はなかったのですけれど、地下室にいれば、かなり安全でした。しかし敷地の一〇メートルくらい先までは焼夷弾が落ちています。家の向かいに日赤の産院があって、爆弾が落ちなかったのは、日赤のせいだと、近所の人たちは信じていました。従姉が、堀田坂の坂の下に住んでいて、焼夷弾が身体にあたって亡くなりました。

トイレは水洗でした。それが戦後になると、配管がコンクリートの中に埋まっていましたから錆びて、トラブルをおこしました。とりかえると、躯体を痛めることになるし、露出配管にすれば壁に穴をあけないとならないし、しだいに個人では維持管理ができなくなったのです。

木造と違って交換修理ができないし、鉄筋コンクリート造の修理の難しさを改めて知りました。それは、四〇歳になってからですね。

壊す前の半年間月に一度見学会をしていたのは、洗足にあった平井聖さんの家が壊される時にそうしていたからです。あれは確か曾禰《そね》達蔵の設計でしたね。

武蔵高等学校を短縮の二年半で卒業

中学校は武蔵高校です。旧制武蔵高等学校尋常科です。江古田にあり、最初は電車で通っていて、戦争中は自転車で通う時が増えました。電車は走ってはいたけれど、普通よりもハンドルが短く、タイヤが細い、ちょっとかっこいい自転車を中古で手に入れたのです。でも一ヵ月に一度くらいパンクする。軽石でこすって、ゴムのりでくっつけて自分で直していました。通学路は、落合とか、神田川を越すので、坂道が多くてね。さっそうと、というわけにはいかなかったです。

一九四一年一二月八日の開戦は、中学の四年生。学内で高校の受験をする準備をしていた時です。一二月八日は、期末試験の最中で、それに合格しないと高校に入れない試験の中の開戦でした。みんな興奮してたな。あの頃はみんなわからなかったからね。最初は景気良かったしね。日中戦争開始前の盧溝橋事件も、二・二六事件も、その前の五・一五事件も、われわれの世代にはよくわかっていなかったと思います。でも、盧溝橋事件の頃になると、日本の正義を少し怪しいなというううわさはきいていましたね。

武蔵の校風は、リベラルで、だからといって戦争に反対するほどリベラルではなかったけれど、卒業生には研究者が多いですね。政界経済界は少ない。高校の化学、物理の先生に、いい先生がたくさんいらして、高校の先生が中学を教えてくれる。非常にレベルが高かったですね。七年制の高校は、みんなそうだったのでしょうけれど。昔の高校の先生というと、大学の先生クラスですからね。当時、化学ではノーベル賞級の先生といわれていた玉虫文一先生もおられましたし、「うにの卵」の研究で有名な団勝磨先生もおられました。

理科を選んだのは、高校に入る時。小学校の頃、引き算ができなくて困ったこともあったくらいだから、特別得意だったわけではなく、英語やドイツ語をやるよりは向いているか、ぐらいの気持ちでした。厳しく勉強させられるということは、なかったけれど、遊んでいていいというわけではありませんでした。

大学生活は戦前と戦後に、またがっているんです。二〇歳で終戦でしたから、私の時代は、旧制の高等学校が、三年のところ二年半になって、大学も三年のところ二年半に縮まっていたのが、戦後になって、大学が三年に戻ったので高校二年半、大学三年で、一九四七年九月に卒業しました。

高校の二年の三学期に盲腸炎になり、それをこじらせて、腸捻転になってしまった。当時、腸捻転は死亡率九〇パーセント以上とかで、霞町の角にあった病院に入院して、うんうんうなっていました。腸捻転から腸閉塞になり、ほんとうに痛くて、麻薬を打ってもらっているうちに幻想が見えてくる。そんな時に三学期の試験があって、まったく受けられなかったのです。そうしたら、担任のドイツ語の先生が、試験が終わった頃に病院まで来てくださって、二学期の成績が良かったので、一学期の成績と足して三で割るとどうにか進学できると言われて、進学できました。しかし順位は最下位だったようです。

建築を選んだ理由

大学の入学試験は、内申書の順位だけで大学がきまることになり、進学指導の物理の先生に、君は建築だよと言われました。父が建築をやっているのを知っていたせいもあるでしょうが、建築以外に、この成績で入れるところがないと言われました。戦争中のため、建築は、第二工学部とあわせて八〇人募集したところ、応募者が少なかったので、私たちの時は選考もありませんでした。成績が下位でも入れるというのでその翌年は応募が増えて入学選考がありました。その翌年は選考がないという具合でした。よくわれわれのことを、無試験組と言われました。ほかの大学も同じような状況だったと思います。工学部では航空や船舶、機械のほうが人気があったのです。父は、兄とは、よく建築の話をしていました。

戦時下の大学生活

大学に入学したのは、一九四四年九月。戦争中です。戦争というのは、後で考えると、ほとんど授業がなかったですよ。B29が飛んでくると空襲になる。サイレンが鳴るとみんな地下壕に入って。そうすれば、授業もなくなるし、試験もなくなる。だから、試験勉強をやめちゃうのね。ところが困ったことに、たまに試験があることもある。そんな思い出もありますが、もっぱらアルバイト、勤労動員です。大学でも、群馬県の太田で稲刈り、麦刈り、田植え。いちばんつらいのは、牛の鼻取り。牛の鼻の先のひもを引いて、田んぼを耕す。麦を刈った後は、刈った麦の切口がとがっているでしょ。あれを足で踏むと刺さるから痛いし、牛は勝手に歩いて行っちゃうし。

でもそういうところでいろいろな経験をしました。たとえば差別部落は一緒に働いていると全然わからないのだけど、帰ってから、どうでしたと言われる。その地域の中の人には、たいへん親切にしてもらったんだけれどね。東京では汲み取りもしましたよ。それから、一年上のクラスは強制疎開の手伝いでしたね。木造住宅を百メートル幅くらいで、壊してしまって防火帯をつくるのです。太田博太郎先生の家も強制疎開で悲劇でした。軍が強制疎開の札を貼っていく。数日後には荷物をまとめて出て行かなくてはならない。太田先生は、巣鴨の駅に荷物を送ったら、自宅は空襲に遭わなかったのに、巣鴨の駅が空襲を受けて、先生の家財道具はすべて焼けてしまったそうです。

勤労奉仕でお金をもらった記憶はないですね。高校の時は、戸塚の日立の工場にも行き無線機をつくりました。これもお金をもらった覚えがないから、授業の一環で勤労動員になっていたのかな。無線機って、つくってもなかなか動かないことがあるんですよ。最後に誰かがたたくと、動き出すのもありました。潜水艦用ということでした。

僕たちの一年上の学年は、研究室の疎開を手伝っていました。図書室も疎開したんです。建築史の藤島亥治郎先生は、平泉の北、雫石に疎開されて、ほかの先生は、山梨県の日野春というところに疎開されていました。疎開にいかなかったわれわれは、在京のいろんな研究室のお手伝いをしました。大学の授業はほとんどなかったけれど、音響、材料、構造などひととおり研究室のようすを見ることができて、いい経験でした。

父の研究は、木造家屋の防火実験でした。父の一番大きな仕事の一つです。これは、空襲が始まる前の話で、兄が手伝っていました。私が大学に入った時には、父は総長で研究どころではなかったのです。

東京大空襲と敗戦の日の記憶

先にも述べたように、東京大空襲は、笄町の家の屋根で見ていました。十メートルほど先には、焼夷弾が落ちました。屋根の上から見上げると、星が降るみたいにさあーっ、きらきらと焼夷弾が落ちてくる。明治神宮の表参道は死体で埋まって、トラックで死体を運んだといわれていましたが、僕は、戦争中もついに死体を見ることはなかったです。東京では空襲で何万人も亡くなったといいますから、広島の原爆と同じくらいの犠牲者が出たのです。

青山のあたりは、三月一〇日よりも、五月二七日の空襲のほうがひどかった。五月の空襲も屋根の上から見ていました。不思議と怖くなかった。怖いのは機銃掃射。これは震え上がりますよ。一回は空襲がまだない、戦争の始まりの頃。神田の古本屋街を歩いている時に飛行機がピューッと降りてきて、走って逃げる後を弾が追いかけてくる。庇の下に隠れました。2回目は、空襲のさなか、家にいたら戦闘機から撃ってきて、窓ガラスを貫通したかと思いました。機銃掃射は逃げようがないから怖いですよ。

戦争は、いろいろあって、終わった時は、うれしかったものね。八月一五日は、あの時まだ兄が元気だったから、うちで二人で大喜びして、散歩に行ってね。今までいばっていた軍隊やお巡りさんがしおれているのがうれしかったです。

父からの情報で、敗戦は、何となく二、三日前からわかっていました。あの時は、その後が悲惨な状態になるとは、夢にも知らないで、ただうれしかったですね。もうこれで空襲もない。まさか試験があるとは思わなかった。

その当時、夏休みというものの思い出はないですね。学校は年中開いているし、家のない人たちが学校にいつもいるし。空襲が始まってからというもの、うちにも親戚が来て住んでいました。戦後には、満州から引き揚げて来た人もいましたよ。

終戦直後の学生生活

八月十五日の終戦以後、大学の授業で大きく変わったのは、軍事教練がなくなったことです。「ゲートルをつけていない」と、配属将校に叱られることもないわけです。ゲートルというのは足のふくらはぎを巻きつける帯で、これをズボンの上から巻いて作業をしやすくする道具です。高山先生、松下先生も、陸軍の軍服を着ていました。着るものがなかったからです。終戦の頃は、夏休みはなくて、毎日大学に行っていました。八月十五日からは、それまでの束縛が一挙になくなり、ほんとうにのびのびしました。終戦の時は大学一年生。それから先がたいへんだということは、誰にもわかっていなかったのです。天気は良かったです。

自然災害は地域が限定されていますけれど、戦災は、北海道以外の、主要都市は、ほとんど焼け野原になったわけで、大きな都市で残ったのは京都と金沢くらい。物資は何もない。勉強道具の紙もなければ鉛筆もない。その上、お米がない。外地から帰ってきた人は家がない。まず食べ物がなかったのが、一番苦しかったですね。

住宅不足は政府発表で四二〇万戸と言われていました。今なら、四二〇万戸というのはたいした数字ではないですが。三年経っても四二〇万戸の住宅不足は、まったく解消しませんでした。つまり、焼け野が原の中にガレキでつくった家ができても仮設なので、住宅不足はなくならない。戦後になると、木造で建てた建物は仮建築だったし、コンクリートの建物も、戦後間もないものは強度もそれ以外の性能も足りないので、建てかえていますね。結局戦後の日本は建築を三回ぐらい建てかえているのではないでしょうか。いつまでたっても仮設建築ということだったのではないですか。

大学の中には、家のない学生がいっぱい住んでいました。藤島先生も住んでいました。製図室の後ろにあった、絵画の教室の所を一人一畳敷きの座禅を組むような軍隊の兵舎のようなものをつくって、二〇〜三〇人は住んでいました。

朝、講義になると、そこから起きて出かけていくはずだけれど、夜通し麻雀をやったりして、なかなか出て行けない。僕たち通学生も、朝やってきて、それに加わったりすると、結局、講義には出られなくなってしまう。

当時、一学年はおよそ四〇人。でも、二、三年上から二、三年下まで、ごっちゃの学生生活だったという気がしますね。そこに早稲田や東工大、日大など他の大学の学生もやってくる。大学が家でもあるわけだからね。まちには映画館も喫茶店もないので、行くところは学校しかないわけですよ。空襲で焼けていないのは東大くらいでしょう。だから自然と他大学の学生も集まってきて仲良くなった。

東大が空襲を受けなかったのは、戦争中軍隊に使わせなかったからだと聞いています。

新宿復興コンペと卒業論文、卒業設計

僕が兄の手伝いをしたのは、東京都の復興都市計画コンペで、新宿の淀橋浄水場跡地計画です。兄は東大の第二工学部の講師を経て、当時は日本大学の助教授でした。いっしょに手伝ったのが同級生の白山和久。終戦直後間もない二年生の時です。兄は新宿と深川の二つの計画に応募しました。深川は、日大で、市川清志さんや木下茂徳君が中心になってやっていて、新宿のほうを僕と白山和久で手伝ったのです。

兄は戦争中、結婚して、同潤会江戸川アパートに住んでいました。

僕たちは、新宿計画応募案を笄町の自宅の三階で手伝っていました。夜も寝ないで描いているところへ兄が時々やってきて、指示してくれるのです。

日大チームは、御茶ノ水の日大でやっていました。兄は、そこで、徹夜していてその過労がもとで亡くなったと思っています。コンペを出して数日後です。発表の時は、すでに亡くなっていました。くも膜下出血で、朝、発見されました。三三歳でした。新宿計画と深川計画は、コンペで一等となり、遺作となりました。戦災復興コンペは、ほかに銀座計画もあり、それは丹下健三さんが一等でした。

学部の三年生後半になると、卒業論文で研究室が分かれます。私は建築材料の浜田稔先生につき、先生からいただいた卒論のテーマは、火災の際の炎の速度です。炎に入れたアルミ粉が飛び上がるのを扇風機の羽の後からフィルムに撮って、扇風機の回転数から速度を計るという方法を考えました。これは、アレクサンダー・カルダーがつくったモビールから思いついたんです。

卒業は一九四七年の九月でした。戦争中のため、入学は半年くりあげて九月、三年が二年半に短縮されて一九四七年三月に卒業する予定だったのが、戦争が終わったので大学が三年に戻されて九月卒業となったのです。戦後になっても農家の人手が足りないというので、田植えや麦刈りの手伝いに行っていましたよ。

丹下(健三)さんは、私が入学した頃は、大学院生でした。卒業する頃助教授になった。だから丹下さんは先生というより先輩のような感覚があって、コンペをやっていても、丹下さんはライバルという意識でした。大谷幸夫さんは、私より一学年上ですから、大学三年間は昼夜区別なくいっしょに暮らしていたんです。大谷さんは、丹下さんのコンペチームの主力で、有楽町の東京都庁舎のコンペなども主力は大谷さんです。

今では想像がつかないでしょうが、藤島先生は、研究室にベッドを持ちこんで、

新宿地区復興計画の提案
(『建築設計資料集成3』(一九五二年二月)より)

住んでいたし、下河辺の奥さんは、藤島先生のところに勤めていたんです。池田武邦さんが大学に入ってきたのは、僕より一年半ぐらい後です。大学教育が二年半から三年に伸びて入学生がいなくなったすきまを穴埋めするために、陸軍、海軍に行っていた人、航空学科にいた人を四月入学で受け入れたのです。その中に、高橋靗一や池田武邦、救仁郷《くにごう》斉など、多彩で優秀な人たちがいたのです。池田は海軍、救仁郷は陸軍。着る学生服がなくて、軍服を着ていたから、すぐわかりました。

私の卒業制作は、学生会館でした。オーディトリウムですね。兄の手伝いをしていましたから、図面を描くのは得意でした。卒業制作の指導の先生は、いないです。全員の先生が批評を担当します。とはいえ、設計の途中で指導を受けたのは、吉武泰水さんですね。吉武さんの部屋は、いつも扉が開いていて入りやすいんですよ。卒業生も含め、いろいろな人がいつも出入りしていました。

伊東忠太先生は、すでに名誉教授だったのですが、名誉教授は、講義をしてもいいというきまりがあったようで、毎週講義に来ておられました。学生が一人でもいれば講義をされたのが有名でした。後に僕も先生にならって、学生が一人いれば講義することにしました。伊東先生は、何時もまったく変わらない調子で講義される。板書の絵もきれいだし、今考えればもったいない話です。

伊東先生について一番印象に残っているのは、空襲で明治神宮が焼けた日のことです。当日、大学で先生にそのことを申し上げた時のことです。同じ日に、先生が一番好きな「上野の不忍池の弁天堂も焼けました」と残念そうでした。

当時伊東先生の席は藤島先生の部屋の一部にありました。あの頃は、名誉教授にも名札のかかった部屋があったのです。

父は、戦争中の東大総長でしたから、戦後公職追放にされていたので、家計はピンチでした。世の中はインフレで家にまったくお金がなかったから、大学院は無理だということになり、就職することになったのです。

逓信省へ

逓信省を選んだというよりも、就職担当の太田博太郎先生に、鉄道省か逓信省かと言われ、逓信省にしました。当時東京駅の両脇には鉄道省のビルと、吉田鉄郎の名作、東京中央郵便局が並んでいました。

あの頃、東京帝国大学の卒業生は、宮庁と大手の建設会社に一人ずつ割り振られるならわしになっていました。鉄道省に行ったのは、大島隆夫、文部省は、伊藤延男、野村武一。下河辺淳は、建設省（当時：内務省国土局）に入り、後に国土庁に移って、次官になりました。他に同級生というと、第二工学部では、大髙正人、増沢洵、佐々波秀彦、第一工学部では、新潟県庁に行った山崎重雄、松田平田に行った伴好弘、清水建設の大坪昭。彼の奥さんは山本五十六さんのお嬢さんです。

私の逓信省入省は一九四七年十月一日。初出勤したのは、飯倉の旧保険局、日の字型の平面形の建物ですが、ここもロシア大使館が半分使っていたのです。

建物の全体は三階建で、日の字型のまん中部分が少し低層の二階建で、この屋上に屋根をかけ、ここが逓信省営繕部の仕事場になっていました。入省した時は、机もなく、立っていました。逓信省営繕部の系譜には有名建築家、岩本禄、吉田鉄郎、山田守と続いているわけです。

東京中央郵便局（設計：吉田鉄郎）

最初は、鉛筆削りでしたが、それもなかなかやらせてもらえない。逓信省自体に仕事がなかったのでしょう。最初にもらった仕事は、「戸畑若松電話局」という局名文字のレタリングでした。僕はコンペの時のような勢いで一晩で描いて持っていったら、さっそく直されたので、毎日持っていくと毎日直されて半月たっても完成しません。そのうちに、現場で描いちゃいましたよ、といわれ、苦労したレタリングの仕事第一号は実現しませんでした。

営繕部設計課の中には、第一から第三までの設計係がありました。第一設計係長は國方秀男さんで電話局担当、第二設計係の係長は野村準一さんで保険局郵便局担当、第三設計係は斉藤泰三さんで担当は宿舎、病院など厚生施設で一番多彩な建物で、日大の教授となっていた吉田鉄郎先生は、もっぱら第三設計係で指導をしておられました。私は第一設計係に配属されていました。

逓信木造建築の原型、灯台寮

吉田さんの作品の中に灯台寮があります。灯台も、逓信省の管轄だったのです。小坂秀雄さんの木造の逓信スタイルは、吉田さんの灯台寮から始まっているといわれています。灯台寮は、吉田さんが逓信省を辞められる頃の作品です。逓信省では、神様の作品としてあつかわれていました。

私の直接の上司は、國方さんでしたが、設計課長の小坂秀雄さんの席が、入口のところにあって課員の出入がことごとくわかるようになっていました。小坂さんというのは、部下を興奮させるのがうまいのです。小坂さんの実家は、日比谷公園の中にある西洋料理の松本楼です。國方さんは、お父上が画家で、純粋なアーティストで、ジェントルマンでした。

小坂さんの設計のオリジナリティーは、縦長の窓割りでした。欄間の寸法とその下の窓の高さ寸法を同じにして、規格品のガラスを無駄なく使うデザインです。ガラスが配給で、貴重であったことから生まれたデザインでした。

僕は、上司の言うことをきかない、悪い技術員だったと思っています。提案をするというような高尚なことでなく、逓信スタイルをそのまま使いたくない、小坂さんのまねはしたくないという気持ちでした。

同時代の木造の建築には、前川國男の紀伊國屋書店があります。逓信建築とはまったく違った様式で、紀伊國屋のインテリアはあの時代で、格段に豊かな空間でした。入り口が道路からちょっとへこんでいるところもよかったです。

アメリカ文化センターにもよく行きました。平山嵩先生設計の日比谷の日東紅茶ビルを接収してGHQが使っていた建物で、飯倉から歩いて行けたんです。海外の雑誌を無料で見ることができるのです。ケーススタディハウスと称する美しいパースが載っていたのを、薄美濃紙に写したものです。当時はコピーの機械はもちろん、写真のフィルムもなかったのです。図面に使うパースは、その図に影響されていました。

その頃よく行ったのは、六本木の近くにあった青埜という和菓子屋さんです、逓信省の方から行くと、六本木の方向からは、坂倉事務所の人たちがやってきて、交流がありました。

上／燈台寮男子部
（設計：吉田鉄郎、
『吉田鉄郎建築作品集』より）
中／仙台地方簡易保険局
（設計：小坂秀雄、
『小坂秀雄の建築』より）
下／紀伊國屋書店
（設計：前川國男建築設計事務所、
写真提供：前川建築設計事務所）

国会図書館コンペで三等、東大へ移る

コンペの応募は学生時代からです。チームのメンバーは内田、橋詰慶一郎、大場則夫、西野範夫で、ＵＨＯＮという名前のグループをつくり、このグループで名古屋の放送会館と国会図書館などに応募しました。大場君と少し年上の橋詰さんは私と同じ電信電話公社、西野君は郵政省に勤めていました。吉武先生の部屋から逓信省に行った人たちです。名古屋の放送会館は、三等二席で、丹下さんは三等一席でした。

一九五四年の国会図書館コンペは三等でした。でも実現した国会図書館は、一等の前川國男さんの案より僕らの案に近いと思っています。前川さんは、リベラリストだから、開放的な案。僕たちのは、吉武さんのＬＶの研究にもとづいて書庫中心でした。国会図書館は蔵書が多いから中心に書庫を置く必要があるという考え方です。

小坂さんもコンペにはよく応募しておられて、名古屋放送会館に隣接する愛知県文化会館コンペで一等に入選、その通り実現しましたが残念なことに今はもう壊されてありません。僕らも応募して落選しました。僕たちは家に帰ってからコンペをやっていましたが、幹部の人たちは自信があったから職場でもやっていました。こっちは、コンペでは課長に負けてなるもんかという意気込みでいました。

国会図書館のコンペを出した時は、名古屋の第二西電話局の現場にいました。国会図書館が三等になったおかげで、東大に呼んでもらえて、設計の非常勤講師をすることになったのです。設計のできる人間が設計を教えるべきだというのが太田博太郎先生の考え方だったと思います。

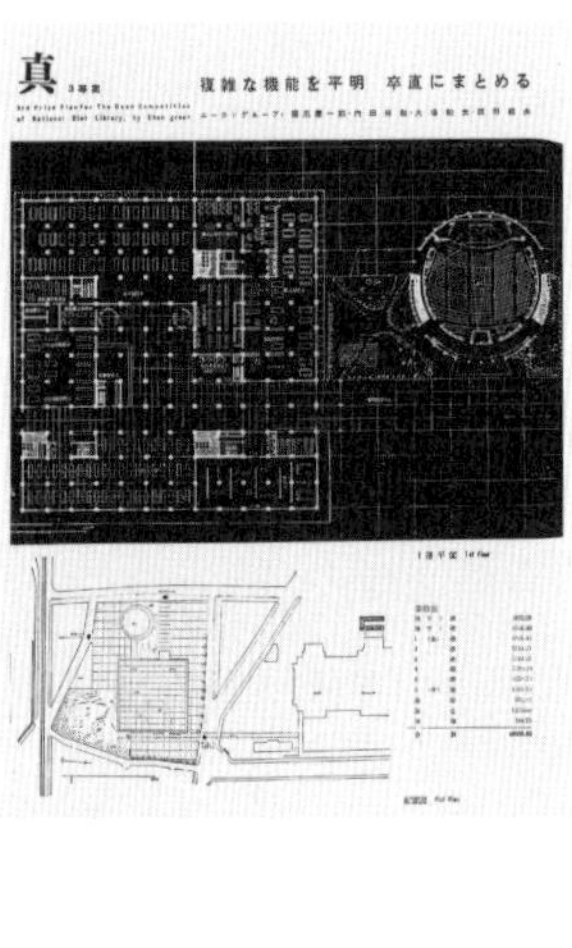

国立国会図書館コンペ案（設計：ＵＨＯＮ、国立国会図書館収蔵『建築文化』掲載記事より）

名古屋第二西電話局（竣工時）

国会図書館のコンペは一九五四年ですから、二九歳の時です。その年から勤めながら、非常勤で講師となり、二年後の一九五六年に逓信省、当時日本電信電話会社を辞めて東京大学工学部助教授となりました。

結婚と下高井戸の自宅

一九五六年には、電気通信学園講堂が竣工しました。私が結婚したのはこの年です。

家内との出会いは、七つ上の姉の長男と、家内の妹が同級生という関係で、姉の紹介です。同じ笄町のご近所だったんです。

結婚してすぐ住んだのは、恵比寿です。恵比寿ビールの正門前、アメリカ橋の反対側にできた東京都住宅供給公社のアパートです。一棟だけの三階建ての三階で、家内の父が申し込んでくれて入居しました。抽選ではなかったと思います。隣には電電公社の寮があって、そこに佐藤さんという課長さんが住んでいました。まだ電気冷蔵庫が持てない時代で、お風呂は、桧の風呂桶でした。当時の公団も浴漕はすべて桧でした。駅から遠くないので、アメリカ橋の下を蒸気機関車の引っぱる貨物列車が通るのが見えました。

そのせいか、次男がぜんそくになって、この下高井戸に家を建てて引っ越すことになったのです。土地は、父が三菱本社のコンペの入賞金で大正二年に買って持っていたものです。僕も、はうぼう土地を探したのですが、父がここを使っていいというので。一九六一年四月に竣工しました。一帯は松林で家の前は田んぼ。近くに家はほとんどなく、京王線と井の頭線の電車の音が聞こえました。以前から隣りに住んでいた叔母は恐ろしいくらいさみしかったといって歓迎してくれました。

自宅のプランは逓信省時代から毎月一つ創ることにして、いつも考えていました。が、こんなに広い敷地で、建蔽率が一〇パーセントというのは想定していませんでしたから、土地が決まってからは、あわただしかった。でも、それまで考えてきたことが役に立って、まとめるのが早かったと思います。

この家のテラスは、家族にも親戚にもずいぶん無駄だと言われました。笄町の家にあったヨーロッパ風のサンルームと、この家のテラスは、まったく違うものです。笄町の家は、父がつくったヨーロッパ風のものだし、それに対する反発もあったと思うのです。洋風の笄町の家に対して、こちらは和風で、庇の長い民家風にしました。

灯台寮をはじめとする逓信省の小屋組は、トラスなんですね。僕は、あの頃は、和小屋というのを、なんだか近代的でないように思っていましたから、トラスか、垂木構造を考えていました。ところが、佐藤秀工務店の佐藤秀三さんが、ばっさりと和小屋にしてしまったんです。最初は屋根は、金属板が、裸のままだったんですが、夏暑く、冬寒かったので、後から折版の置屋根を置いて、受熱を減らしました。

自宅 南側外観（撮影：平山忠治）

自宅建設から学んだたくさんのこと

佐藤秀三さんと知り合ったのは、息子さんの芳夫さんが研究室の学生だったからです。最初の卒論の学生で、彼の仲人をした関係もあり、佐藤秀三さんから、家を建てるなら手伝っても良いと言われてお願いしました。佐藤さんは後に重要文化財になったものもあり、有名人の木造住宅を手がけている工務店だったのです。佐藤秀三さんには、いろいろなことを教わりました。まず和小屋。そして、部材の太さ。僕は、あの頃、モデュラーコーディネーションに凝っていたから、それぞれの部材は全部同じ寸法にしなくてはならないと思っていましたけれど、必要な所は必要な寸法にできる、ということを教えられました。

それから、左官工事ですね。あの頃は、近代建築という視点から、下地をプラスターにしたかったのですけれど、佐藤さんにプラスターは高いから漆喰にしましょうと言われました。今となっては、漆喰にしてよかったと思っています。ことに、最近では、左官の素晴らしさを痛感しています。左官の仕事は、シーリングや目地押えがないのが素晴らしいのです。

大学に戻った時、中村伸さんから、左官のことを根本からたたきこまれました。その頃は、材料としてしか見ていなかったのですけれど、意匠として見ると、目地がないことが、どれだけ素晴らしいか。要するに、近代建築の乾式構造というのは、目地が多く、その始末のために、さんざん苦労します。ところが、左官を最後の仕事にしておけば、駄目工事がいらない。すべてが完了するわけです。

自宅の天井は、事務所建築の天井に使っていたソフトボードです。市販品は白いのですが、その仕上げをしていない材料です。乾式工法をいろいろ考えていたのですが、それは、ほとんど打ち砕かれましたね。ことごとく高いわけです。予算がない家ですから、佐藤さんの言うことをきくことになるのですが、今から思うと佐藤さんは、良いことしか言っていないと

上／自宅 東側外観
下／自宅 内観
（2点とも撮影：平山忠治）

思っています。

佐藤さんには、木部を着色することも教えてもらいました。今だったら、ためらわずに塗ると言いますが、何も知らない頃に、いろいろ教えていただきました。

襖には、一番安い紙を張っていたのですが、張り替える時に、母の着物を使い、二〇年ほどしてから家内の着物で張り替えました。これは、堀口捨己先生に教わったのです。

住宅のディテールとモデュール

堀口先生との出会いは、先生が東大に非常勤で来ていらしている時です。岸田日出刀先生の企画で、堀口先生の授業は、講義ではなくて、四、五人で学生と対話する形式でした。その頃の先生は、数寄屋建築の専門家というよりは分離派の建築家でした。

私は先生がサンパウロの万博の打合わせで八勝館に行かれるというのを知って、新婚旅行に行かなかったかわりにということで、先生にお願いして、名古屋の八勝館に泊めていただきました。数寄屋のディテールについて、堀口先生に教わったという印象はないですが、早川正夫さんは、あると思いますね。見付が何分、なんていうのは、逓信省時代は、よく吉田鉄郎さん、山田守さん、小坂秀雄さんから学んだし、その後は吉村順三さんや吉田五十八さん、今井兼次さんの趣向を議論したりしましたが。

プロポーションについては、モデュラーコーディネーションに興味がありましたから、コルビュジエのモデュロールを勉強しました。僕が逓信省にいた頃はプロポーションはガラス割りでほとんど決まってしまいますから、美しさを考える余裕はないし、小坂さんは独特のセンスを

八勝館 御幸の間（設計：堀口捨己）

持っていて、誰かがまねをしても、小坂さんとは違ってしまう。それを教えたり、伝えたりすることはなかったように思っています。

モデュールに興味を持ったのは、逓信省勤務時代です。東大の少し後輩で国際建築の編集長をしていた田辺員人が海外の文献を紹介してモデュラーコーディネーションの研究グループをつくろうと呼びかけた。そこに集まったのが、池田武邦、池辺陽、三宅敏郎、広瀬鎌二らでした。そのメンバーが、国際建築にしょっちゅう集まったのです。

一方、日本建築学会でも尺をメートルに直すためのモデュール研究が始まり、それにも関係します。委員長は、武藤清先生。清水建設の研究所の倉知丑二郎さんなどが加わり、建築学会挙げて三尺を何センチメートルに置き換えるかというモデュラーコーディネーションの問題に取り組む時代が、その後にやって来るわけです。

私はDφモデュールをつくり、それで最初に設計したのが「ある離れ」（一九六一年竣工）。これは家内の父の家です。大成建設で施工するから、と、設計を頼まれました。その時に、フィボナチの数列によるモデュロールを使おうとしたら、大成建設にこっぴどく叱られました。「コストがかかるのはなにしろ、モデュロールですからね」なんて言われて、怖ろしく高い見積もりが出てくるのです。何としても十進法でわかる数値にしないといけないということで、十進法とフィボナチ数列の融合を真剣に考えました。それがDφモデュールです。その頃大成建設の樋田《といだ》力さんが素晴しい提案をしてくれて、わかりやすい表

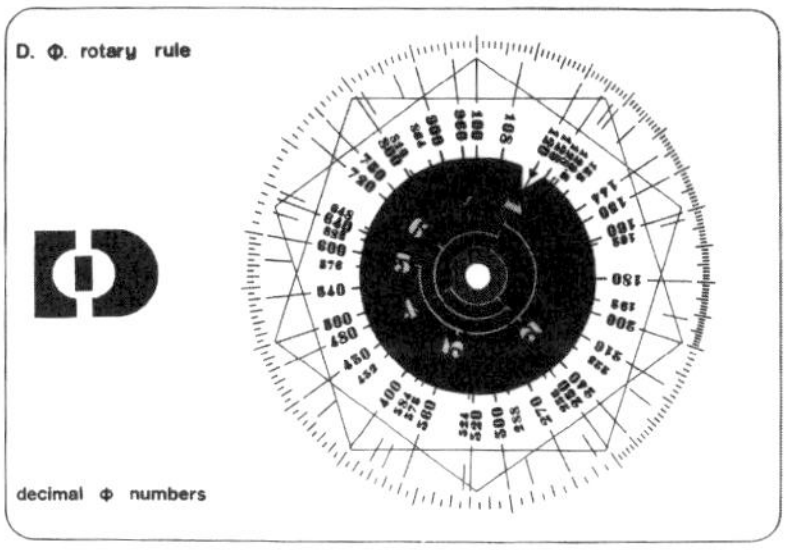

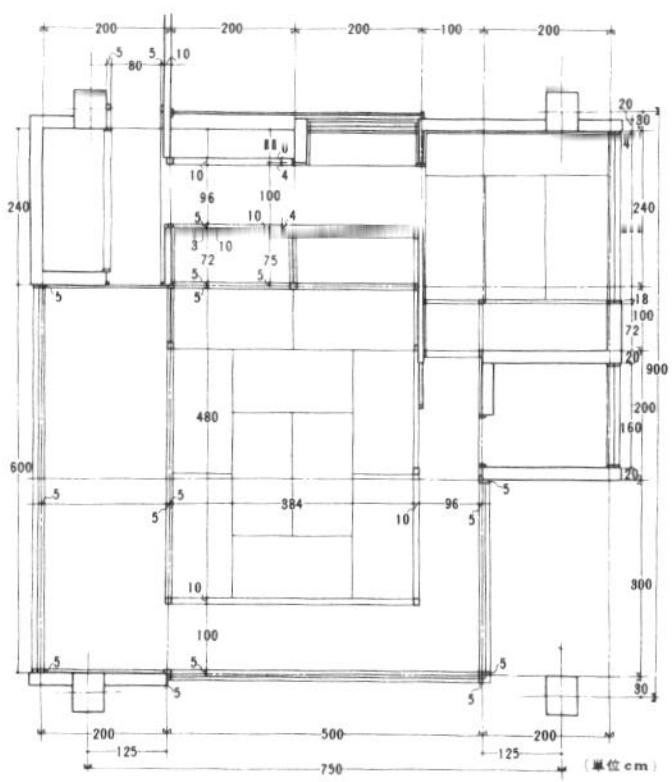

上／Dφ rotary rule
下／ある離れ 平面図

現になりました。これは大発見でした。

大森三中と目黒一中の設計

大田区立大森第三中学校（一九六〇年竣工）と目黒区立第一中学校（一九六二年竣工）を設計することになったきっかけは、電電公社の中田亮吉部長の奥さんの関係です。息子さんが通っていた大森三中を建て替えるというので、ＰＴＡから中田さんがその設計への助言を頼まれたのです。でも中田さんは設計しないので、「内田君、頼むよ」ということで、大田区役所と仕事をすることになりました。

しかし、区役所は、文部省の標準設計でやりたいわけです。それでは困ると、中田さんの奥さんは考えていた。ＰＴＡの会長は天龍さんという元お相撲さんで、いい学校をつくるんだとがんばったんです。

区役所に交渉に行く時は、その天龍さんが、僕の行く十五分くらい前から、課長の前に何も言わないででんと座っている。で、僕が行って説明して、課長が、「分かりました」と。それで帰ってくる。天龍さんは、すごい存在感でしたよ。

目黒一中は、大森三中の校長先生が転勤して行った先で、ちょうど建て替えをする時期になって、「内田さん、お願いします」ということになりました。今度は天龍さんはいないのですけれど、校長先生の絶大な信頼がありました。

大田区立大森第三中学校

電気通信中央学園
[現NTT中央研修センタ]講堂

1956年｜東京都調布市

メインストリートから講堂を見る

──

撮影（P.33–72、カラー写真）：井上玄

大学に迎えられる時、直接声をかけてくださったのは、松下清夫先生です。二年間非常勤で、そのうちに専任になりました。丹下さんが都市工学科に移ったあと、設計の先生として芦原義信さんをお呼びしたのは、太田博太郎先生です。非常勤では、大髙正人さん、菊竹清訓さんなど毎年、多彩な建築家を迎えていました。最初は私も、設計の指導のみで、研究はしていませんでした。そのうちに専任になると研究をすることになったのです。

雨漏りの研究

さて、僕は、助教授となってから、論文を書かなくてはならない。卒業論文で火災をテーマにしていたので、最初はそれがいいと思ったのですが、建築の第一講座は木構造・一般構造というので、だんだんと一般構造・材料・施工という、今でいう構法のほうにはいっていったのです。

当時できたばかりの住宅公団のつくるコンクリート住宅で雨が漏るクレームが多発したので、雨漏りの研究が急務ということになり、明治大学の狩野春一先生にはお世話になりました。あの頃のアパートには、防水層が高価だったので、左官仕上でモルタル防水にしていました。アスファルト防水の原料は石油ですから、外貨不足の折、石油は使えない。かわりに平らな屋根にモルタルを塗って、左官職人の腕で雨を止めようとしたのです。でも亀裂がはいって、雨漏りに悩んでいたのです。左官仕事については、中村伸さんの指導で、いろいろと勉強しました。

雨漏りの研究成果については、大学で、ずいぶん講義に使いました。

亀裂をつくらない左官の仕上仕事というのは、材料を、ペンキのように薄く塗るのが理想です。そのためには平らな下地をつくることが必要で、その平らな下地をつくるところが下地仕事の極意です。下地の、でこぼこを埋めると、へこんでいるところの塗りが厚くなるからそこの亀裂が太くなるのです。モルタルが千分の一収縮するとすれば、表面は一メートルおきに一ミリメートルの亀裂ができることになります。しかし、下地に接するところは下地にくっついているので、細かい亀裂がいっぱいできる。表面にいくほど、亀裂は大きくなるので、ラッパ状の亀裂ができます。表面の亀裂をなくすのは、なるべく薄塗りにして細かい亀裂に分散させるのが、コツなのです。

仕上の収縮亀裂と、地震などでできる構造亀裂はまったく違います。構造亀裂は仕上も下地も貫通しますから雨は必ず漏ります。ところで、屋上の亀裂から水が入ったとしても、天井が張ってあると、天井に溜って、次の雨までに乾燥すれば、雨漏りは感じないわけです。ところが、その頃の住宅公団の天井はプラスターボードだったので、一滴垂れてもしみができて雨漏りになってしまう。まるで雨漏り発見器でした。

ビルディングエレメントとは

ビルディングエレメントという言葉を紹介したのは、早稲田大学の田村允恭さんだと思います。床、壁、天井などのことですね。住宅公団がパネルで公営住宅をつくる時に、在来の見積りは職種別だったので、パネル一枚に相当する部分のコストが出せないで比較できなかったのです。プレハブのパネルと、大工と左官でつくった壁とを比較するために、屋根、床、壁がそれぞれいくらなのか分けて考えようということです。それを建設省の澤田光英さんが部位別積算として推進していたので、建設省の公営住宅担当や住宅公団から、研究の依頼が来るようになりました。

しかし、部位別コストといっても、性能あってのことなので、性能とは何か、屋根、床、壁の性

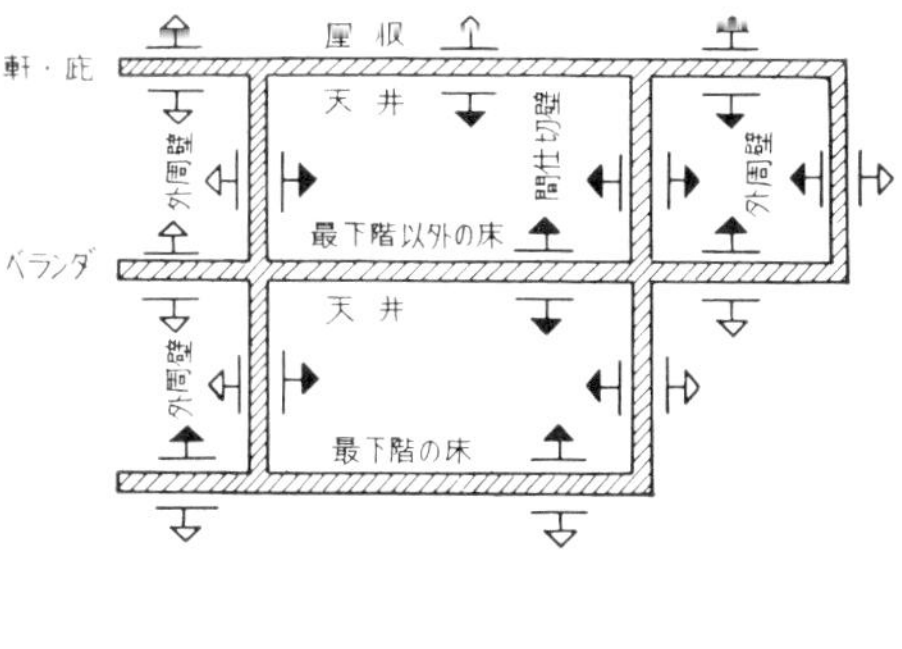

BE記号

鉄骨は、ほとんど竣工時のまま
（電気通信中央学園
［現NTT中央研修センタ］講堂）

球形のドームに浮雲の反射板
（電気通信中央学園
［現NTT中央研修センタ］講堂）

能はどうあるべきかという「部位別性能論」に発展していきました。その頃は、毎日のように、大学院生と性能とは何かを議論していました。その中で、壁という言葉が、やっかいなんですね。どこまでが外壁でどこからが内壁なのか。それとは別に、断熱性能は外壁と内壁を一体で考えないといけない。つまり、外周壁と考えたほうがいい。屋根と天井も、まとめないと断熱性能は、計算できないですね。遮音についても、同様のことが言えます。そんなことがビルディングエレメント研究の第一歩でした。

開口部の場合も、アルミサッシだと、単価に枠が入るのですが、在来工法だと枠は大工さんがつくり、建具だけが建具屋ですからね。在来工法のコストを編成し直して考えないといけない。

風呂場、台所の設備関係も、在来工法の場合、ユニットに相当する部分にいくらかかっていたか、調べるのは、なかなか難しいのです。その頃、台所のユニット化をめざして、企業といっしょに取り組もうとしたことがあったのですが、ある会社の社長さんに、こんなことやっていられないと、どなりつけられ、追い払われた経験もあります。今ではキッチンユニットなんか、あたりまえになってしまっていますが。

住宅設備のユニット化をめざす

最初は、水まわりをすべてキュービクル・ユニットとして考えようとしていたのですが、キュービクルが良いのは、風呂場だけで、台所や洗面所は、むしろ壁置家具に近い方が良いということがわかってきました。

現場仕事で風呂場をつくるのは、たいへんな手間とコストと時間がかかっていたことがわかっていたのですが、はじめは安いと言っても、いくら位安いかわからないので誰も信用してくれませんでした。

今となれば、ユニットバスが普及しすぎて、現場の手づくりにしようとすると、とんでもなく高価なことになります。当時は、壁からお湯の蛇口を出そうとすると、風呂場の場合は、まず大工さんが骨組みをつくっている時にガスと水道の会社に来てもらって、間仕切壁の中に配管を通す。仕上げのための下地ができた頃に蛇口の位置を決めてガスや水道屋さんにもう一度来てもらう。それで、蛇口をつけて、左官が仕上げる。最後にもういちど、問題なくお湯が出るかを見にガス会社、水道屋さんに来てもらう。つまり三度来なくてはならなかったのですが、当時はガス会社のサービス精神は希薄で、なかなか来てくれなかったのです。そのために、工期が延び、コストが上がるのです。

ガスと水道をめぐる さまざまな問題

そんな事情から「ガス会社はプレハブの敵だ」と私が叫んでいたら、東京ガスの井上二郎さんという人が「先生、それはやめてください」と説得に来ました。

その後、ガス会社と仲良くなれたのは、ガス会社がある時期から消費者指向に変わったからです。昔はガス会社も電力会社のようなお役所的なところでした。電力会社は、電気メーターから先は関与しませんが、ガス会社は、メーターを超えて台所の出口まで危険物として責任を負っているのだそうです。だから、そのメンテナンスのために電力に比べるとうんと人手がいるんです。

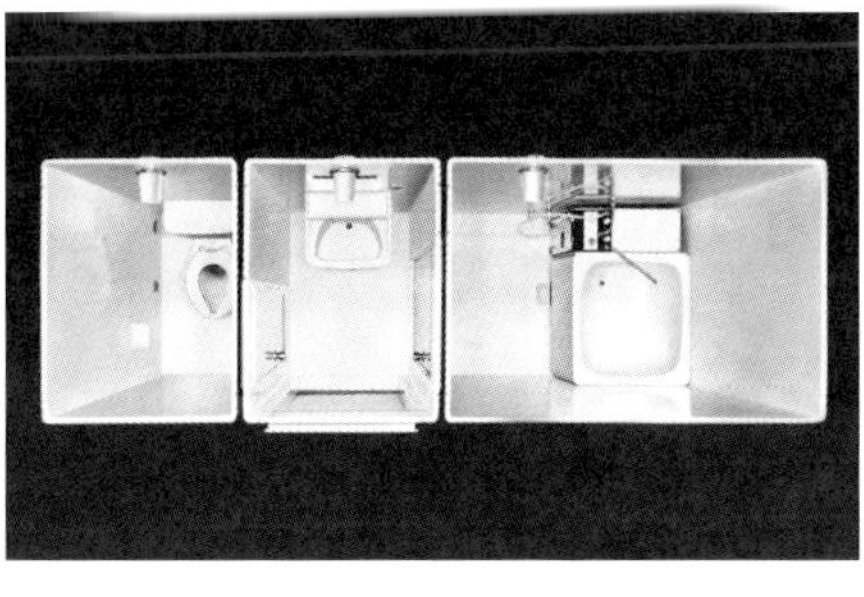
住宅用設備ユニット（一九七二）

原澤邸

1974年（1999年改修、2000年インテリア改修）｜東京都北区

2階にある若夫婦（老人科医師）のための居間兼応接

庭と室内のつながり。
当時（1974年）は、
バリアフリーが珍しかったが、
施主が老人科の主任
だったための要望
（原澤邸）

2階若夫婦のための寝室。
古い着物でふすまを張る
（原澤邸）

それで、大阪ガスの吉田さんの話によると、検針、集金、修理などを含めると、ガス会社の社員の必要人数は、総計で住民七世帯に一人になるのだそうです。それなら、ある小さな地域を一人の職員が責任を持って担当することができる。例えば二〇世帯位を担当して集金から検針、修理までですれば、地域の担当者として、各家庭の台所で何が困っているのか、次は何を買おうとしているのか、までわかるはずだというんですね。そういう意味で、電力会社とは格段に違ったサービスを心掛けるようになったのです。電力会社が郵便局だとすると、ガス会社は、たがいに顔のわかる宅急便のようなサービスを始めたんです。それで工事の場合でも現場の都合を考えてくれるようになり、われわれ建築仲間とも仲良くなったのです。

水道のほうには、別な問題があって、新しい器具の標準化ができなかったのです。水道の供給は地方自治体の責任で、建前は水質が違うから蛇口も違う。だから工事のしかたも違うというのが、水道工事業者組合の論理。地域ごとの水道業者は、他の地域を絶対侵さないのです。だから全国レベルの規格で風呂のユニットを量産しようとすると、各県、各地域の認可をすべてとらなくてはならないし、工事も地元業者でなくてはならない。そんなことでは、規格化はできないし、工場での量産も無理なんです。

ガス会社は敵だと叫んでも、相手は一人だったけれど、水道の場合は、水道業者の数が地域別にあることになる。そこで、アメリカはどうしているかと視察に行きました。日本と同じで地域ごとに違う許可制だというのに、工場でどんどんユニットをつくっているんですよ。聞いてみると工場に、その地域の職人を呼んで働かせたり、そうでない場合は、職人組合に一定の手数料を払っているのだそうです。いろいろ知恵があるんだということを教えてもらいました。

構法とは、材料の組み立て方であり、その選び方のことです。本当は、構造と言うべきなんですね。自動車の構造という時、自動車のフレームのことだけを言わないでしょう。走るためにはエンジンや車輪がなくてはならない。生物の構造といって、骨や幹だけでなくて、しくみがあるでしょう。建築の骨組は構造の一部であって、ほんとうは強度だけではないんです。

プレハブ研究のこと

プレハブの研究を始めたのは住宅不足の解消のためです。戦後、四二〇万戸の住宅不足と言われていましたからね。プレハブに対する建築家たちの態度は、戦争をはさんで二転三転しています。その理解がないと、プレハブについては語れません。少なくとも戦前は、グロピウスをはじめ、前川國男さんにしても、市浦健さん、土浦亀城さん、蔵田周忠さんにしても、プレハブは建築家の憧れの仕事だったのです。戦後、前川さんがプレモスに取り組んでいたように、もっと企業の中で建築家の考え方がとりいれられていれば、プレハブと建築家は仲良くつきあっていけたんだろうと思います。しかし一九六〇年代初めの頃、プレハブメーカーが建築家たちと関係なくプレハブを発展させ、建築家を排除したので、プレハブと建築家は根本的に対立し、プレハブメーカーは建築家の敵となるわけです。

今でも建築家協会はプレハブが嫌いですね。当時、大学でプレハブの研究を始めれば、袋叩きにあうことはわかっていましたが、住宅が足りないのだから、プレハブをやらなくてはならない。建築家協会の批判は覚悟してはじめました。一九六〇年代半ばのことですね。

ビルディングエレメントをやっている頃は、まだプレハブは産業ではなく、広瀬鎌二さんのように個人的に試作している人がいたんです。六〇年代から七〇年代にかけ、一〇〇社くらいのプ

プレモス 浜口隆一邸
（設計：前川國男建築設計事務所、『現代建築 写真集』より）

佐賀県立図書館

1962年｜佐賀県佐賀市

南側正面入口

2階開架室手摺。
手摺の上で本が開ける
（佐賀県立図書館）

レハブメーカーが雨後の筍のように出てきました。そのお手伝いをすると、とたんに建築家協会から敵視されました。でも、幸いにして建築家協会から破門はされはしませんでした。

われわれは、当時は国立大学ということで直接個々のプレハブメーカーに協力したことはありません。プレハブ建築協会という団体ができて、建設省の量産公営住宅の生産が開始され、そこでお手伝いをしました。直接、プレハブメーカーにアイデアを出して実現させたのは、大野勝彦の積水ハイムぐらいだったと思います。

日本の在来構法は、海外から見れば、プレハブです。しかも誰でも自由に作れるオープンシステムのプレハブです。ある意味で憧れのシステムです。海外ではコストが高くついて、日本の在来構法はつくれないでしょう。きっと、プレハブという言葉は、他のものに比べてプレハブ化が進んでいるもののことで、そのシステムが一般化してしまうと、もうプレハブとは呼ばなくなるのだと思います。だから在来構法はプレハブとは言わないのです。

オープンシステムとは

建築家協会を敵に回さなければならないプレハブは、クローズドシステムのプレハブです。建築家協会と仲良くできるプレハブはオープンシステムです。

オープンシステムはメーカーの違う部品の交換ができるのです。積水ハウスは、積水ハウス以外に自分の部品を提供したり、販売していない。積水ハウスの部品を使って積水ハウス以外の建物を建てることが原則としてできない。だからクローズトシステムです。しかし、その中では部品を取り替えてさまざまなプランができます。そこで詳しく言えば、オープンシステムを内蔵し

量産公営住宅 試作

たクローズドシステムということになります。
オープンシステムという言葉を意識したのは、一九六五年で、オランダから、日本のプレハブを見に建築家の視察団が来ました。プレハブ建築協会をたずねて来て、東京大学にもやってきました。その時、五人くらいを相手に、一人で朝から晩まで日本のプレハブ全体の話をして、へとへとになった経験を覚えています。その時、設備ユニットも、一社一社違う規格でつくるのでなく共通のものができるといいと言ったら、オープンシステムという言葉を教えてくれました。今でもオランダはオープンシステムについての先進国だと思います。

オープンシステムは、新築のときよりは維持保全のときに必要なので、クローズドシステムの先にあると思っています。日本建築の伝統的民家は永い歴史的経験を経てオープンシステムの理想形になったのではないかと考えています。

それと、好みもあります。クローズドシステムは、ヒエラルキーの中で成立するもので、排他的なところがあるでしょう。しかし、オープンシステムのほうは多くの人の知恵の集積でできるものです。

クローズドシステムの中身は、各社がそれぞれ個別に考えればいいわけで、われわれは、社会全体の流れをつくるシステムのありかたを考えようとしていたのです。

僕の興味は最初から、オープンシステムにありました。オープンシステムの互換性を成立させるためには、やはり規格が必要です。そこには全体をまとめるシステムが必要になり、ある意味でクローズドシステムになります

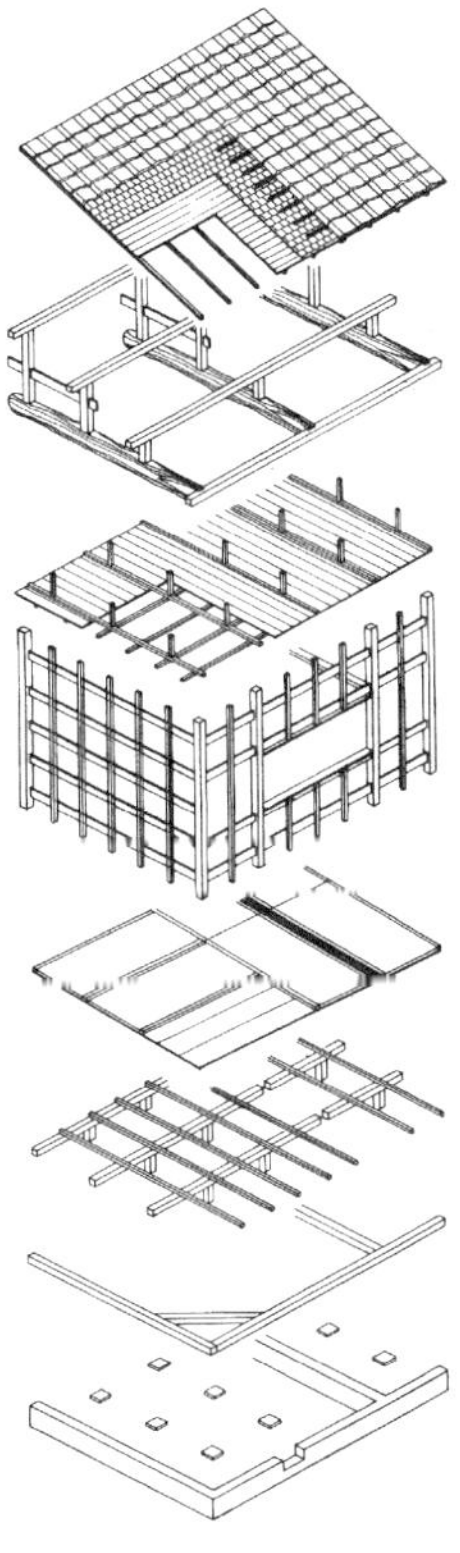
日本民家の畳モデュールによる構法

開架室に上る階段
（佐賀県立図書館）

佐賀県立博物館

1970年｜佐賀県佐賀市

エントランス。湿地帯のため、
収蔵庫などを上階に上げている

から、そのもとは、結局戦後、早くから没頭していたモデュラーコーディネーションの研究につながっていたのです。モデュラーコーディネーションで部品を取り替えられるという精神ですね。モデュラーコーディネーションに夢中でいた時は、まさかプレハブに関係あるとは夢にも思っていなかったけれど、考えてみると、大いに関係があったんです。

日本の畳のような規格は、誰が決めたのかわからないけれど、モデュラーコーディネーションを統率している。とはいえ、現実には寸法がまちまちなのです。それをもっと正確にしたものを近代建築の中に持ち込もうとするのがヨーロッパのモデュラーコーディネーションです。それに対して最終的にはまちまちでも良いとしたのが日本の伝統的畳モデュールの考え方です。

大学紛争と大学改革

一九六九年、加藤一郎総長代行の諮問機関である東京大学改革準備調査会に招集されて、貴重な経験をしました。

実はここに至る前が長く、最初に全学の学寮委員をさせられていたのです。寮だから建築に関係があるし、委員会は年に一回ぐらいだからと言われてなったんですけれど、委員になったとたんに学生からいろんな要求が出てきて、毎月になり、すぐ毎週委員会が開かれるようになってしまったんです。

そのうちに、医学部の問題もおこり、学寮問題での学生との交渉には、応援の学生がバスをチャーターして教養学部からくる。学生との団体交渉にくたびれました。辞めたくても、私は交替したばかりなので辞めさせてもらえない。そのうちに、新任の先生もたまらないといって辞めるようになり開放されたのですが、その頃になると工学部にも紛争がひろがり、さっそく向坊工学部長から電話がかかってきて、出向いたとたんに三日間大学に缶詰になりました。学寮委員をしていたために、内田は学生との交渉が得意らしいと誤解されたようです。学部長付は激務だったので半月位で解放されましたが、今度は加藤総長代行に呼び出されて大学改革準備調査会に入れられたのです。

でも、おかげでずいぶんいろいろ勉強しました。学園紛争のピークが過ぎて、安田講堂も静かになった後まで、大学改革準備調査会の報告書づくりだけは続きました。大学改革について文部省に報告しなくてはならなかったのです。

報告書づくりはたいへんでした。法学部や経済学部の先生は、一晩で三〇枚原稿を書いてけろっとしているんですね。僕なんか図面の線は引くけれど、字はそんなに書いたことがない。文章を書いても法文系の先生たちのような内容は書けっこないんですよ。でもそのおかげで原稿を書くのがすごく早くなりました。そのかわり、それが終わったらしばらくは、図面を引くのがおっくうになりました。

結局、大学紛争の前夜から、紛争後処理までつきあわされ、進行中だった佐賀県立博物館に時間を割くことができなかったのが残念でした。しかし、大学改革準備調査会では、経済学部や法学部の先生方とも親しく接することができたのがよかったと思います。

大学の自由とは何か。大学の自治とは何か。そういうことを、勉強する機会になりました。国立大学の使命は、国家がまちがった方向に行った時に、まちがっていると言うことです。国がほんとうに正しいかどうかをチェックするのが国から予算をもらっている国立大学の役目なのです。研究によって利益の上がるものについては、必ずしも国立大学が研究する必要はないんです

上…3階展示室
左上…エントランス
左下…手摺。アルミのワイヤーを、
電力線を固定する方法で
取り付けたもの
（3点とも佐賀県立博物館）

よ。オープンシステムにとりくんだのも、成果を社会に還元すべきなのです。それがオープンシステムの思想と一致するのです。

その頃から、大学は教官管理が厳しくなり、予定表をつくり出勤簿に判を押させるようになったんですが、僕は研究教育には予定がたてられないとして応じませんでした。事務局が責任を問われては困るので、大学紛争以来退官まで、毎年別記☆のような書面を出していました。やっぱり、大学紛争にも、得るところはいろいろありました。

☆別記……「大学での研究と教育の仕事は、時に応じてしなければならないので毎週一定の予定をあらかじめたてることはできないと考えています。従って固定的な予定表を割振ることは出来ませんし、割振り表を作らないことによって起る一切のことは私の責任として処理して下さる様お願いします。」

高度成長期の意識

東京オリンピックから万博へという時代、日本中、特に東京は、激変しました。当時アメリカでは、日本には道路はない、道路予定地があるだけだ、と砂利道を揶揄されていたくらい、日本の道路はひどかったのですからね。

私の自宅のある下高井戸のあたりでいえば、環七と甲州街道の交差点はオリンピック直前まで全部砂利道でした。東京オリンピックの時、高速道路が上にできて下も舗装され、そこをアベベが走ったんです。

その頃、国はコンクリートの型枠の研究をしていました。建設ラッシュで、型枠のための木材不足が深刻だったから、外材による合板型枠が使えるかどうか。そしてまた、木製型枠の代りにメタルフォームが使えるかどうか。そういう研究が始まっていました。さらに、現場でコンクリートパネルを水平に重ねてつくり、吊り上げて組み立てるティルトアップ工法の研究も始まっていたのです。

東京が変わっていくことに対して、否定的な感じは少なかったんじゃないかと思います。日本橋の上の高速道路も、今から思えばショックですが、日本橋が犠牲になったことについても、世論はそんなに厳しく考えが及んでいなかったように思っていますね。外堀通のイギリス大使館の前は高速道路をトンネルにしたのだから、景観を守れなかったことはなかったはずなのですが。

建設省のＧＯＤシステムに取り組む

オリンピックから少し時間をおいて、万博がやってきます。僕は万博には直接関係していません。万博とプレハブとの関係について言えば、あの時の現地事務所には、壁が折りたたまれて運べるテラピンというシステムが使われています。

一九七三年に建設省の営繕がＧＯＤシステム★の開発をします。営繕の仕事を合理化して、地方の小規模庁舎をさばきたいというのが委員会設置の意図でした。建設省営繕部というのは、私がいた通信省営繕部と同じように、官庁の施設をつくるのだけれど、中央官庁のような大きなものは大きな設計事務所に発注されるので、営繕部が手こずっているのは、地方の小さな税務署など、全国に多数散在しているので、手間がかかって人員が足りないというのです。それで学校建築のためにつくったＧＳＫシステム★★にならい、部品を共通にして、間取りを描けばどこの地域でも部品を集めて建てられるというオープンシステムのプレハブ化を提案しました。つまり建物の骨組みやトイレ、空調などのサブシステムを共通にして、メーカーにつくらせておくという考え方でした。

★**ＧＯＤシステム**……「Government Office-Building Development System の略で国の出先機関の、中小規模庁舎の建設を合理化することを意図して開発された、一種のオープンのシステムである。」(『ＧＯＤシステムマニュアル』より)

★★**ＧＳＫシステム**……「首都圏の27都市による『学校施設建設システム化・工業化委員会』が主体となり、(社)教育施設開発機構が具体的開発業務を行い開発されたシステムである。」(『ＧＳＫシステムカタログ集』より)

ＧＳＫシステムはGakkou Shisetsu Kensetsu System、すなわち学校施設建設システムの略。

有田町歴史民俗資料館
1978年｜佐賀県西松浦郡有田町

アプローチ

玄関床モザイク
（「あり合わせタイル暇な時張り」）
（有田町歴史民俗資料館）

先人陶工之碑
1982年|佐賀県西松浦郡有田町

古窯から出る煉瓦（トンパイと呼んでいる）を使った無名の先輩陶工を記念する碑

これに対して営繕内からものすごい抵抗がありました。つまり、官庁営繕は、部品を指定するというところに選択の公平さが必要で、あらかじめ決まった部品があるというのは、タブーなのです。量産住宅の場合、部品開発センターという組織を設置し、そこに加盟しているメーカーが部品をつくるのですが、建設省の営繕は、自分たちの権限がとられてしまうと思ったのでしょう、絶対反対。一年かかっても前進なく、担当官が変わると、再出発で始めからやり直し。営繕の考えは結局標準設計で設計の手間は省けるが現場の手間は昔通りというものでした。私はもうやめましょうと言ったのですが、ひきとめられてしまい、次の年は、具体的な設計をすることになり、日本で行う初のサミットにあたり、迎賓館の中に臨時の事務局オフィスビルを建てることになりました。今でも迎賓館の敷地の中に建っていると思います。しかし、このあと数例で終了しました。

GUP
一九六五年から二〇年の歩み

私は大学では設計をするつもりはありませんでした。丹下健三さんが大学の中で設計をしていて、国立大学の施設を私用化しているとの批判を受けていましたし、当時は、大学の外に設計事務所を開いて仕事をするのも許されない状況でした。しかし、大学院生たちが、実務を知らないでいると、研究の具体的テーマが見えないし、研究の目的もわからない、そこで限りなく実務に近いGUPという名のプロジェクトを始めました。グループ・ウチダケン・プロジェクトを略してGUPと名づけたのです。今では大学の外での設計活動との両立がなければ、設計の教育はしにくいということが理解されるようになっていますが、当時は事情が違ったわけです。その当時、

GODパイロットオフィス
（筑波研究学園都市）

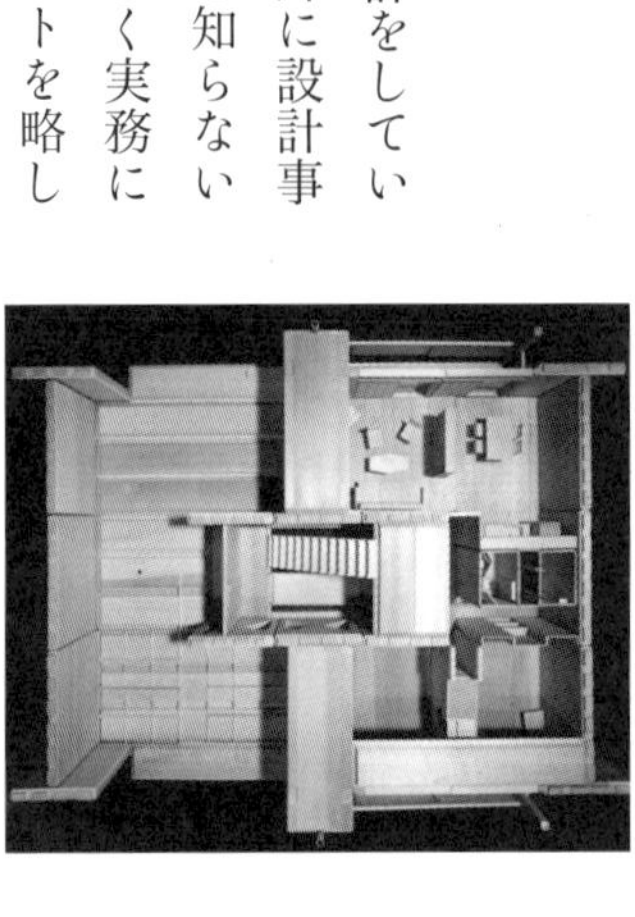

GUP2「PC工法によるプレファブ中層集合住宅」模型
（撮影：大橋富夫）

一戸建て住宅はハウスメーカーがすでにはじめていましたが、集合住宅は、まだ企業が手がけていないので、やるべきことがあると考えました。

一九六四年当時の日本では、中層の集合住宅をコンクリートのパネルでつくる方法が未完成だったので、それを国際的なレベルまでもっていくのを提案することにしました。同時に、その中に当時なかった設備ユニット、つまりバスユニットや台所のユニットをはめこむのをテーマにしました。GUP1は、一九六四年の東京オリンピックの年から始めて、調査・検討でその年は未完に終り、二年目に形になって、「GUP2 PC工法によるプレファブ中層集合住宅」として設計案を『建築文化』(一九六五・九)に発表しました。その後、GUPでまとまったものは、すべて『建築文化』で発表させてもらうことになって、一九八四年のGUP10まで続きました。

次のGUP3は廊下が一階おきにあるメゾネットで、柱梁構造による高層集合住宅。三一メートルの高さ制限がまだあった時代、旧国鉄が、十一階建ての職員住宅を大井工場跡地に計画していました。それをプレキャストコンクリートでつくろうというプロジェクトでした。プレキャストコンクリートでつくると、梁や柱の継目のところで、接合のためにスペースが必要になるので、階高が増えてしまう。それを、現場打ちでつくったのと同じ高さに納められるようにした計画でした。GUPの中で唯一実現したのが、GUP3です。NTTの木村昌夫さんがNTT風に修正して実物をつくってみようということになって、今でも筑波研究学園都市に建っています。

実際の設計と、大学での設計が違うのは、実際の設計だと、できないものが、プロジェクトだとできてしまうことになる。それをなんとかして学生にわからせたいと考えました。逓信省にいた頃、現場から、たびたびこれではできないという批判を受けていたので、その批判をちゃんと受け止めなくてはならないということで、まだプロジェクトを担当できない学年、大学院修士一

右/GUP3「プレファブ高層住宅の計画」模型(一九六七年)(撮影:大橋富夫)
左/GUP3-NTT(筑波研究学園都市、一九七六年)

佐賀県立九州陶磁文化館

1980年｜佐賀県西松浦郡有田町

上…アプローチ
左上…さまざまなステンレス仕上を合わせた手摺
左下…ステンレス赤目たたきの手摺

年に、図面から模型をつくらせました。模型ができないようなものは、本物もできないぞという話をして、上級生を「いじめる」制度をつくったんです。模型をつくっていくと、図面の矛盾が次々とわかります。バスユニットの場合でも、原寸のモックアップをつくって、配管が取り換えられるかどうかを試しました。実施設計の厳しさがどこにあるかを学生に理解してもらいたかったのです。

一九六七年のGUP4は、欧州石炭鉄鋼共同体主催の国際コンペに応募したものです。課題は、部品を大量生産し、一つのシステムで平屋、中層、高層の集合住宅を提案するというものでした。ヨーロッパの特定の鉄鋼メーカーと組んで提案するものだったようですが、われわれにはそれは無理だったので入選にはなりませんでした。内容は鉄骨フレームとボックスユニットを組み合わせた案でしたが、最近ベルギーの友人からの情報では、提出物は今でも完全に保存されているそうです。

GUPでは一貫して、構造設計を専門家に依頼しました。実際の設計だと、構造部材の大きさに悩まされることが多いので、それも学生に経験させなくてはいけないとの思いがありました。

一九七〇年代に入ると、いろいろな建設会社が集合住宅の生産性向上に取り組みだしたので、研究室としてはむしろ、日本の戸建の民家のようなものを対象にしたいと考えはじめました。ハ

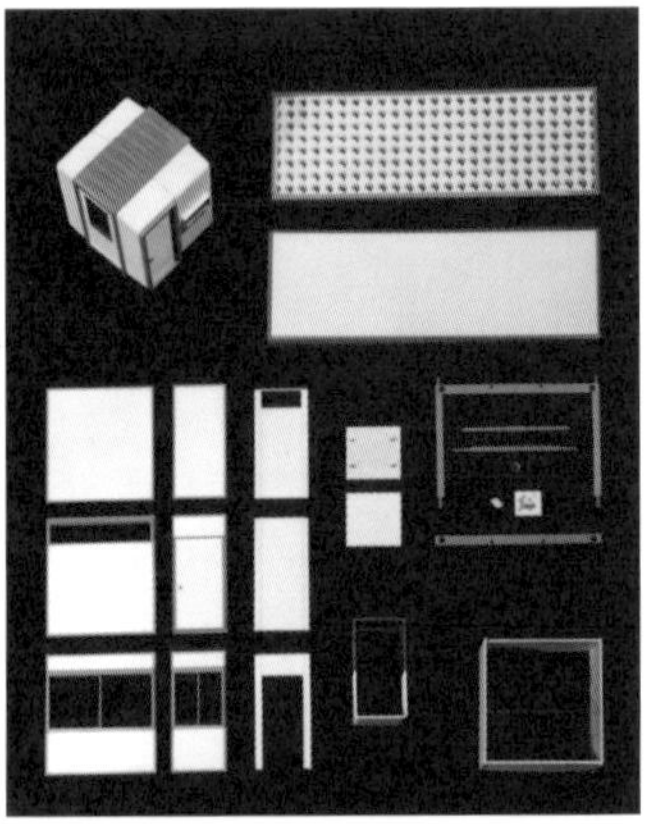

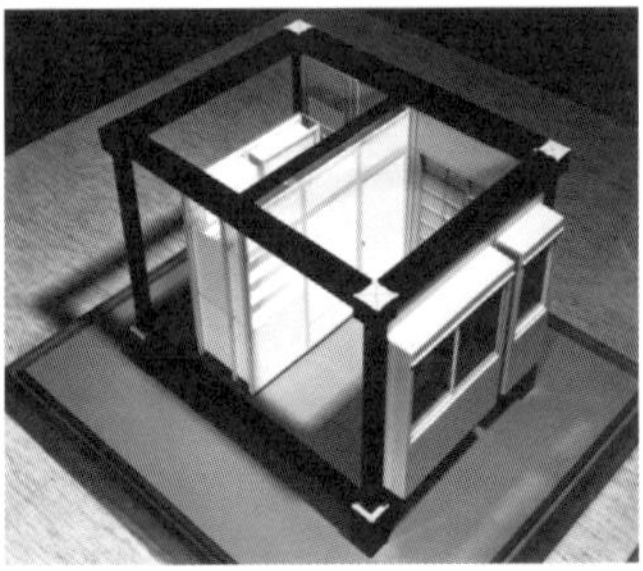

上／GUP4「欧州石炭鉄鋼連盟コンペ」模型
中／GUP6「オープンシステムの座標をめざした部品化住宅計画」模型（撮影：大橋富夫）
下／GUP9「丘陵地に建つ集合住宅」模型（撮影：大橋富夫）

ウスメーカーが自社のためにつくるのではなく、戸建ての設計に使えるような部品を開発しようということで、最後のGUP10は個人が部品を注文して、一軒一軒違う家ができていくというシナリオをめざしました。そのためには、今までと発想を変えて、一人一人に敷地をわりあて、地主になってもらいそれぞれプランをつくらせて、それを一つのシステムでつくることを考えたわけです。

そうすると、不思議なことがいっぱいおこりました。団地だと階段を共通にするのだけれど、戸建てが並ぶ場合、階段のとなりにまた階段ができる。一見無駄なことが起きるのです、しかし、それがまちなみの面白さをつくっていくということになりました。

私が初めて海外に行ったのは一九六二年。プレハブ調査団として、ソ連、東欧に行きました。当時、私は、プレハブについて日本は遅れていると思っていたのですが、今考えると、日本は遅れているのではなく、プレハブに対する発想が違うのです。日本の発想の元は木造ですが、ヨーロッパは煉瓦造。煉瓦造の建物をどうやってコンクリートでつくるかなのです。日本の場合は、木造という環境に恵まれて、非常にレベルの高い柱梁構造が発達してきたと考えるようになりました。

GUP10「低層住宅のためのビルディングシステム」模型
（撮影：彰国社写真部）

佐賀での仕事

「佐賀県立図書館」、「佐賀県立青年の家」、「佐賀県立博物館」は、一連の仕事です。図書館の現場が終わらないうちに、「青年の家」の設計をしていました。設計協力と実施設計は、高橋靗一さんの率いる第一工房です。

ロビーより屋外展示場を望む。
床はモザイク
（佐賀県立九州陶磁文化館）

佐賀県立博物館の設計テーマは、二転三転しましたが、最終的には、中心に現場打ちの十字の壁構造があって、それを頼りにランダムな柱を持ったプレキャストコンクリートの床スラブがついているというのが、最終テーマです。

全体を持ち上げようという発想は、地下水位が高く水が出やすい土地だからです。収蔵庫を地上に置くわけにいきませんでした。平面計画については、大小の展覧会を同時に独立して開けて、しかも、管理が容易にできるように考案しました。クラスターにもなるし、回廊式にもなるプランです。

有田とのかかわり

有田町の青木町長は、アイデアと行動力のある素晴らしい人でした。人口一万五千人の佐賀県有田町に県立の陶磁器の美術館を誘致しようとしていました。その実現のために、佐賀県立図書館、博物館を設計した私に協力を依頼されたのです。そこで私は有田の仕事の共同設計者に、アルセッド建築研究所をお願いしたのです。ＧＵＰがスタートした頃から、いっしょにやっていた三井所清典さんが佐賀県の出身で、芝浦工業大学に赴任したばかりの頃でした。芝浦工大は、教員が設計活動をすることを認めていたので、三井所さんが芝浦工大の卒業生と設計組織をつくったのがアルセッドです。

青木町長に呼ばれて有田に行った時、有田の話題はヨーロッパ帰りの古伊万里の話で持ちきりでした。古伊万里というのは、有田でつくられた磁器が伊万里の港から発送されたもので、これにより有田の陶磁器がヨーロッパで注目されるようになります。実は東インド会社がアムステルダ

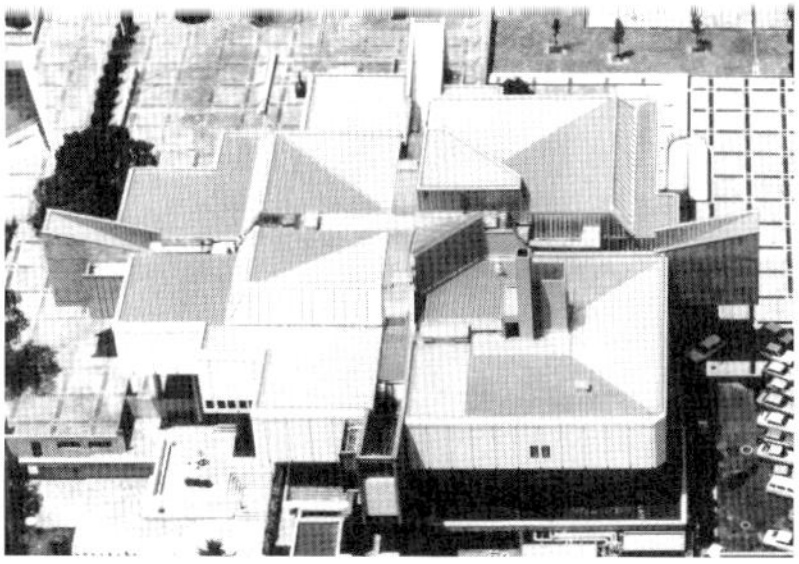

右／佐賀県立青年の家 全景
左／佐賀県立博物館 鳥瞰

ムに荷を下した時のリストがアムステルダムの図書館に丸ごと全部残っているそうで、一方、アムステルダムの港の倉庫にまだ残っていた荷をといてみると、その中身とリストが一対一で対応できたというのがことの始まりです。そして、その数をさかのぼって数えると、江戸時代の一六二一(元和七)年から一八四八(嘉永元)年までに七一五隻(内二七隻難破)で運んだ有田焼は、のべ二〇〇万点と推定される輸出☆をしていたということがわかりました。それで有田町が脚光を浴びるのです。そこに有田の有力者の一人、蒲原《かんばら》権氏が購入した古伊万里を展示、収納する美術館を町が建て、それを丸ごと県に寄付して、県立の美術館を育てる種にしようというのが青木町長の構想でした。

青木町長の構想には、最初、町の民俗資料館を増築していけば、県立陶磁文化館ができるというのもありました。しかし、最終的には町のものを県に寄付するのが難しいことがわかり、切り離された形になりました。でも、それが、幸いなことに県立と町立の両方ができることになったのです。

初め、県立と町立は近接して建てられる予定でしたが計画地の一部が谷を埋めて造成された土地だったので、別の敷地を探すことになり、磁器の石切り場に近い敷地がみつかったのです。朝鮮出兵の際、鍋島直茂によって連れて来られた李参平の碑の近くです。またその近くには先人陶工の碑もつくることになりこれも、九州陶磁文化館ができた後にわれわれが設計しました。

展示の工夫

有田町歴史民俗資料館は、展示ケースと収蔵庫を一体化しているところに特徴があります。博

☆……オランダ・ライデン大学教授フォルカー博士、英国オックスフォード大学アシュモリアン・ミュージアムなどの研究による。(『オランダ貿易資料 蒲原コレクション 図譜 古伊万里』)

物館として画期的なアイディアと思っています。普通、展示ケースは箱につくります。その理由は一つには安全のため、もう一つは空調を人間空間と分けるためです。ここでは展示物を置く空間を、収蔵庫と一体にして、その一部分に展示物を置いているのです。つまり収蔵庫と人のいる空間の境目をガラスで仕切って、収蔵庫の一部が見えるようになっているのです。そうすると、展示ケースは車のついた裸の台でよいことになり、背景の壁は屏風でもよく、奥行きは収蔵庫の中を自由に使えます。また、展示物と収蔵庫は、同じ空気条件の温度になるわけです。小さい博物館では極めて有効な方法だと思っています。

　陶磁文化館では、収蔵庫についてどうしたら磁器類を割らないように扱えるかを考えました。できるだけ展示物を箱に入れたまま取り扱いたいということで、陶磁文化館の展示ケースには、箱を収納する部分をつくりました。それから収蔵庫の床は陶磁器を万一落としても割れないようにしようというのでたどりついたのが、人工芝でした。人工芝は毛足が硬い三菱モンサント製のものが緩衝材として具合が良かったので使うことにしました。三井所さんがこの人工芝の上に茶器を落として実験したのですが、しだいに高いところから落としても割れない。放り投げても大丈夫だったというエピソードがあります。

なぜ大屋根か

　歴史民俗資料館に大屋根をかけたのは、有田のまちなみを壊しているのが四角い建物と思ったのと、屋根勾配のない佐賀県立博物館が雨漏りで悩まされていたからです。軒先をピンと鋭く格好よくしたかったのは逓信省時代からの好みです。軒先については、相当神経を使っています。

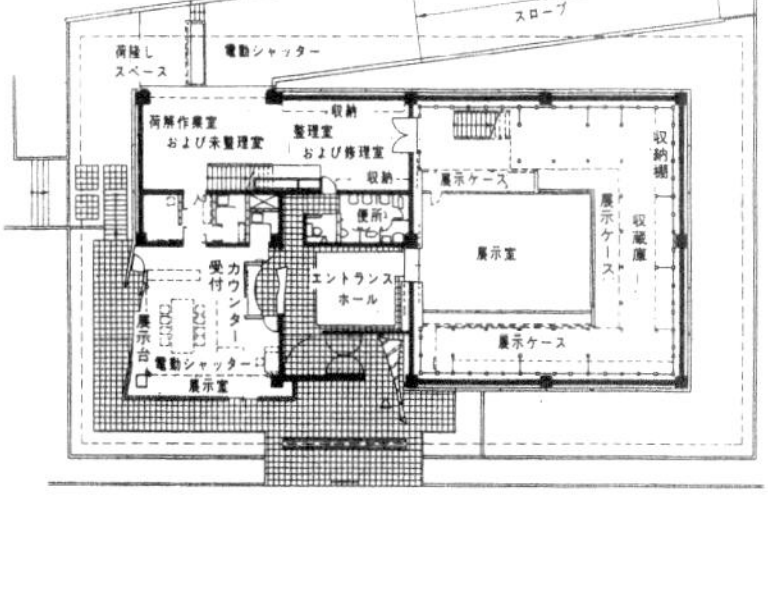

有田町歴史民俗資料館 平面図

軒樋がだらしなく下がるのも嫌なんです。

歴史民俗資料館の屋根は銅板葺きで、工事は、小野板金です。宮内庁御用達の屋根屋さんで屋根工事の間、職人さんに有田に来てもらいました。小野板金の仕事はていねいで、学ぶところが多かったのですが、時間がかかることがわかり、九州陶磁文化館の屋根工事は、当時、創業間もない元旦ビューティ工業になりました。長尺の銅板で、かみ合わせのところに特徴があって雨が漏らないというので、採用したところ、コンクリート工事の遅れをとりもどしてくれたのです。研究熱心な会社で、それ以来、仲良くしています。

夏の日差しを遮り、冬の日差しを入れるのに、庇ほどいいものはないと、私は昔から確信を持っていました。断熱という意味でも、空気層を下に畜えた屋根は効果的です。逓信省では、吉田鉄郎、小坂秀雄などみんな庇や屋根をつけています。近代建築は、フラットルーフでないといけないという信念はありませんでした。むしろその逆です。

父、内田祥三の作品は住宅以外、屋根がないですし、丹下、前川の作品も屋根勾配のあるものが少ないから、それを意識した気持ちはありました。コンクリートの建築に三角の屋根がないというのは、思いこみであって、ヨーロッパのアパートには、勾配屋根のあるものが多いのです。

歴史の中で長持ちのする建築を

有田の青木町長が言うには、窯元には、いくつかの集団があって、全国的に名の知れた窯元のほか、名のない小さい窯元から、好みのものを仕入れ、全国の旅館などに訪問販売する富山の薬売のような小売業、大手の百貨店などに卸す卸業、そして外壁のタイルなどの製造業。それぞれ

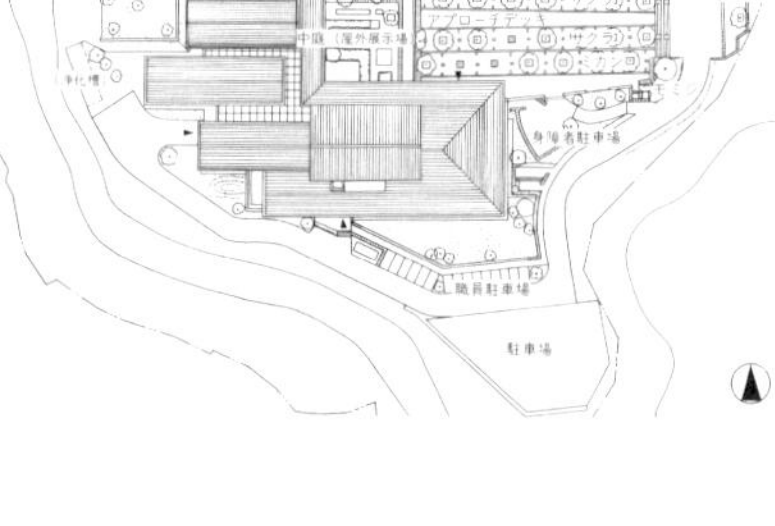

佐賀県立九州陶磁文化館 配置図

の集団がそれぞれの時代に繁盛してきたそうです。

有田の歴史民俗資料館にせよ、陶磁文化館にせよ、私がめざしたのは、耐久性のある、長持ちのする博物館でした。町長が、有田でこういう建物が企画できるのは、有田の歴史の中で、千載一遇のチャンスであり、実現させた暁には、どうしても長持ちさせなければならないと強調されたのです。

それならばわれわれは、そういう知恵を知っているつもりなので、屋根に勾配をつけたり、外壁をすべて二重にするなど、できることはすべてやってみましょうといって取り組みました。庇がありますから、壁に雨がかかることがないので、鉄筋が錆びることもないでしょう。コンクリートの躯体は、おそらく永久に大丈夫と思っています。でも竪樋が落ちたのはショックでした。それでも、同時期の建物の中では何倍も注意深くつくったつもりです。

武蔵学園キャンパス再開発

東京、江古田にある武蔵学園は、旧制の七年制中学高校一貫校から出発しており、私の中高の母校でもあります。武蔵学園のキャンパス再開発計画は、武蔵高校の先輩であり、武蔵学園の学園長に就任された太田博太郎先生から相談を受けました。

一九七八年のことです。その頃、武蔵学園のキャンパスは、敷地の中に建物がひしめいて、まるでゴミ箱をひっくり返したようでした。それを整理して、どんな増築ができるか考えてほしいという依頼でした。

私は東京大学の整備計画をしていた大谷幸夫さんをずっと見ていて、大学の整備計画はものすごく大変だということがよくわかっていました。そこで誰か一人、計画推進の仕事ができる専任の人を入れてもらわないと、引きうけるということは不可能だというご返事をしました。

大学にはまったく独立した組織が三つあって、その調整がものすごく大変なのです。特にあの頃は学生運動が盛んでしたから、学生自治を叫ぶ学生の意見を考慮しないといけない。それとは別に教授会には独自の意見があって、勝手な決議をしますので、それとの調整が必要です。また理事会は、お金をおさえていますから、経営の視点から、まったく別の指示をします。その三つの調整を設計者が一人でできるわけがないので、それができる人を入れてくださいとお願いしたのです。

それにふさわしい人はいますか、と太田先生にきかれて、私の研究室にいて、武蔵高校の出身者でもある澤田誠二君が、ドイツに留学しているので、帰国するまで一年待ってほしいとお答えしました。太田先生はさっそく、関係者をすべて説得してくださり、一年待ってくださったのです。澤田君が帰国して一年かけてつくったのが、武蔵学園のマスタープランです。一九七九年のことです。その間、アルセッドと中林由行君の綜建築研究所、木野修造君のTAKE-9計画設計研究所によびかけ、実施設計のできるチームもつくりました。

実は、ボイラー室のキャパシティもすでに限界で、配管はあちこちで蒸気漏れをおこしていました。その対策は、エネルギーセンターを設け、共同溝をつくって配管類を整備することにしました。実情は、長年の維持管理が放置されていた結果、惨憺たる状況だったので、何を提案しても説得力がありました。

学生に対しては、最初に学生食堂を建てるのが、学長の岡先生の考えで、その跡地を受け皿にして回転させていくという筋書きでした。当時は大学のキャンパスを居ながら再開発するという

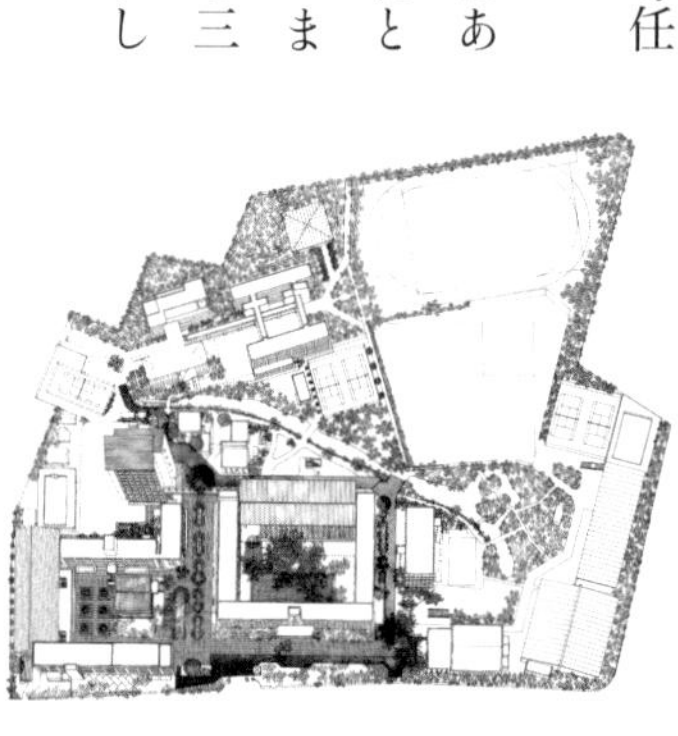

武蔵学園キャンパス再開発
マスタープラン

計画は、日本では先例がなく、おそらく、最初だったと思います。大学は、郊外に移転、新天地開拓という考え方が全盛でしたが、武蔵学園は、練馬区の江古田という立地を大切にし、拡大路線には積極的ではありませんでした。

マスタープランにもとづく全体計画のエスキスは、ちょうど設計事務所を辞めて大学院に戻っていた近角真一君が澤田君を手伝ってくれました。

澤田君のいいところは、日本人的なやわらかさがなくて、自分の意見をはっきりずけずけ言うことでした。学部長であろうと学長であろうと面と向かってはっきりいうので、教授会もびっくりするほどでした。近角君とも、ぶつかりあってやっていました。「澤田とは二度と仕事はしたくない」という声もききましたが、再開発が完成した時には、彼がいなかったらまとまらなかったと、みなさんが思ってくれたようです。

マスタープランで特に気を遣ったのは、三号館です。中央に塔があり、シンメトリーな三号館と講堂の二つが大正十二年の創立当時にできた建物です。それを保存するかどうかが大きな課題でしたが、これは創立以来、最も思い出を多く蓄えている建物として保存することにしました。順序としては、最初に学生食堂を建てて、学生を納得させ、散乱していた先生方の研究室を、教授研究棟を建てて教授会を納得させ、最後にエネルギーセンターの上に図書館を乗せた棟を新築して老朽化はなはだしい本部棟を取り壊す。三号館の中庭にあった部室や育ちすぎた樹林は整理しました。学生食堂の上階は、講義棟とし、共同溝を欅並木に沿ってつくっていきました。

再開発によって、最も毎年の出費の多かったボイラーの蒸気漏れと雨漏りの費用がなくなりました。以前は、雨漏りしない棟はないという状態で、旧図書館だった太田先生の学園長室も屋根の鉄筋コンクリートの梁が折れて雨漏りしていたのです。雨漏りは、勾配屋根をかければなくな

武蔵学園 図書館棟断面図

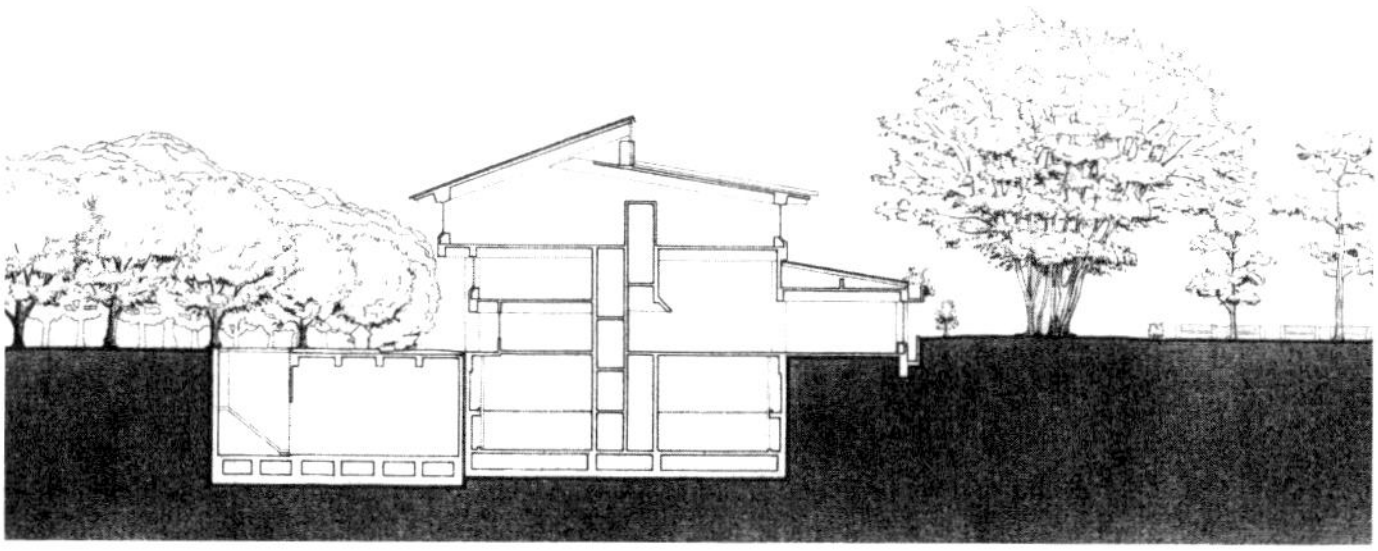

るのがわかっていたので、新築する建物の全部に屋根をかけました。

屋根については、逓信省や住宅公団の経験で、よくわかっているつもりでしたが、失敗したのは雪です。高層の研究棟の屋根に積もった雪が落ちてきて、歩いている生徒の頭を直撃するわけです。雪が降ると、下にネットを張って、ネットで受けて砕いて落とすようにしてもらいました。高層建築に屋根をかけたときは庇を出してはいけなかったのです。この後できた八号館には、徹底的に雪止めをつけました。

大正十二年にできた三号館は、僕たちが在学時代、中学高校として使っていたものです。塔は後でつけたようで、その重みで一階の柱が関東大震災で折れています。三号館の改修での発見は、カーンバーです。ヒゲ付き鉄筋と呼ばれている鉄筋が出てきました。アメリカから輸入され、日本では帝国ホテルや石川県庁舎など十数棟に使われていることが、建築史の村松貞次郎の研究でわかっています。一部解体したところは、当時大学院生の寺井君に鉄筋を調査してもらい、図面と実際の違いがよくわかりました。

そういうことに費用を出していただけたのは、太田先生のおかげだと思っています。帝国ホテルのカーンバーは捨てられてしまったそうなので、三号館から出てきたカーンバーは、旧帝国ホテルの一部が保存されている明治村に寄贈しました。

武蔵大学 教授研究棟

木造への関心

日本の木造継手、仕口に興味を持ったのは、中村達太郎先生の残された継手の模型がきっかけです。大学紛争の時に、資材の調査をしたところ、継手、仕口の模型は資材帳に載っていなかっ

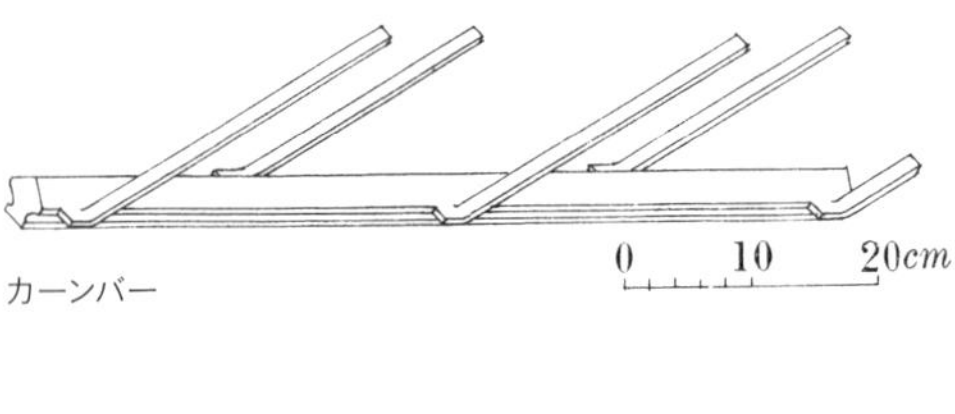

カーンバー

たのです。それを大学の所有物にすることは難しいという事務の判断で捨てることになったのです。大学が捨てたものを、僕が個人で拾い、佐倉の国立歴史民俗博物館に寄贈するという形になりました。

私の在籍中は学生に触ってもらって、図面化させたり、触るだけだと記憶に残らないので、そこにない継手を考案するという課題を出したりしました。

プレカットが出始めた頃に、仕口にどのくらいの手間がかかるのか調べようというので、大学院生と日本女子大の学生が組んで、ストップウォッチで、大工さんの手間を計る研究をしてもらいました。

ところが、一九七〇年代後半から一九八〇年代に入ると、日本の森林資源がなくなってきて、住宅、一般建築を問わず、木造は世の中から消えていきます。その頃、このまま絶やすわけにはいかないと思い、木構造の資料を集める研究からはじめたのです。後に『在来構法の研究』☆として、本にまとめました。東大を退官し、明治大学に移ってから、その延長上に、木造建築研究フォラムや日本建築セミナーをはじめることになります。

木造建築研究フォラムがはじまったのは一九八五年。二〇〇一年まで続き、フォラムを三九回開催しました。はじめた頃は木構造はどん底で、フォラムを一緒に推進してきた坂本功君に言わせれば、関西以西には、木構造を教える先生も、勉強する学生もいないという状態でした。しかし、そういう時だからこそ、このフォラムやセミナーができたのだと思っています。

僕の若い頃は、木構造は盛んでしたが、その頃は農林と建築の規格が合わないとか、文化財と構造関係者は縁がないという状態だったのです。そこでフォラムのメンバーには文化財の専門家である伊藤延男さん、鈴木嘉吉さん、農林関係では上村武先生、建築の構造では、坂本功さんな

☆**『在来構法の研究』**……『在来構法の研究——木造の継手仕口について』(住宅総合研究財団、一九九三年)

どに入ってもらいました。農林関係に協力いただけたのも、日本の山林の衰退が顕著だったからだと思います。

木造建築研究フォラムは、各地でフォラムを開催しました。林業という川上から、大工さんという川下まで。その間がずたずたに切断されていて、材木の流れがない。木材流通をどうすればいいかという課題が主なテーマとなりました。

フォラムにかかわるのは、林業、製材、木材市場関係、建築研究者、建築設計者、施工者、大工、職人まで、幅広い範囲でしたから、いろんなことが話題になり、問題点があがってきました。北は青森、南は沖縄まで日本各地の林産地で、泊り込みでフォラムをしました。異業種の濃密な交流ができた点も良かったですね。

海外も韓国のチェジュ島や北欧のノルウェーからラトビア、リトアニア、北部ソ連など、木造建築を求めて視察にも行きました。そういうところの建築を見ると、いかに日本の木造が精緻で独特のものであるかがよくわかりました。

二〇〇一年に木造建築研究フォラムが終了した後は、法人化し、ＮＰＯ代表は坂本功君に代わってもらい、ＮＰＯ木の建築フォラムとして、再スタートしました。大きな成果としては、省庁間の縦割りや各業種の分断を超えて川上から川下まで、木にかかわるさまざまな分野の人との交流ができたことでしょう。

日本で木造の研究をしていなかった間に、欧米では木構造の研究が進みました。日本の木材と欧米の木材は堅さが違い、日本の木が軟らかいので、上手に金物を使わないと豆腐に針金を通し

河合継手 模型
（考案：河合直人）

て吊り下げるようなことになります。木のめりこみを考えないといけないこともあるし、木と木の継ぎ目にすきまができるのが、日本人の感覚にはなじまないのです。日本の木材と伝統技術を使った現代建築の試みとその成果は、五期にわたる群馬の林野庁林業機械化センターや宮崎にある木材技術センターの建築物で見ることができます。

建築家教育としての日本建築セミナー

木造建築研究フォラムは、木造建築にかかわる地域の人たちとの交流に重点がありましたが、一方、日本建築セミナーは、建築家を教育することをめざしていました。当時の建築家は木造を全然知らないし、数奇屋と書院の区別もわからない人もいるので、日本の木造を基礎からきちんと教えようと考えたのです。

その中心だったのは、奈良文化財研究所の鈴木嘉吉さんです。鈴木嘉吉さんが戦後四〇年間、文化財を修理しているうちに、修理の方法にもめどがついてきたといっていたこともあり、それを次世代の建築家に伝えたいというのが主旨です。

セミナーでは、文化財は東京文化財研究所の伊藤延男さん、稲垣栄三さん、鈴木嘉吉さん、現場の大工である田中文男さん、数奇屋は、茶室設計で知られる堀口先生の教え子、建築家の早川正夫さんと中村昌生さんが、それぞれの分野を担当しました。

私の古建築への関心は、学生の頃からで、出張のついでにしょっちゅう古建築を見て歩いていました。大学で同期の伊藤延男さん、佐々波和彦さん、一年下の稲垣栄三さんなどと、よく旅行をしていましたから、文化財は、ほかの人よりも見ていると思います。逓信省時代も、出張があると、鈴木嘉吉さんや伊藤延男さんを訪ねて、奈良によく行っていました。

日本建築セミナーは、事務局を担ってくれた且原さんが亡くなってまもなく終了しましたが、今は各地でグループごとの活動が残っています。このセミナーは、建築史研究というよりも、たとえば、銘木や唐紙など、設計をする際により実践的な知識を身につける点を重点にしたように思っています。

内田賞のこと

内田賞は、私の退官の祝賀会での余剰金を元資に賞を設立することにしたものです。

顕彰対象は、誰の成果かはわからない多くの人たちの努力で、日本の社会の隅々まで普及したものです。一九八八年、第一回の目透し張天井から始まり、二〇〇一年、最終回の畳までです。林昌二さんの提案で、元資に限りがありますから、最初から八回で終了と決めていました。テーマを決めたら、大学の研究室で、調べてもらうことにしていました。調べることによって、研究室の仕事にもプラスになるようなものを選ぼうという意図がありました。

審査員は、池田武邦、高橋靗一、林昌二、太田利彦、澤田光英、の各氏。よく手伝ってくれたのは、研究室を出て教職についた人たちで、三井所清典君、坂本功君、大野隆司君、吉田倬郎君、真鍋恒博君、深尾精一君、松村秀一君、浦江真人君たちです。事務局が松木一浩君です。

内田賞第一回（目透かし張天井板構法）の視察風景

今興味のあること

今一番、関心のあること、今後大事だと思うことは、建築のリハビリテーションです。もはや新築の時代ではなく、改修と維持管理の時代になっています。

煉瓦造も今では自信をもって修理できます。木造も千年以上の歴史がありますので、修理を続けていけば、法隆寺のように千年もたせることはできます。その自信がまだないのが鉄筋コンクリートです。鉄筋コンクリートは、中の鉄筋がどうなっているかレントゲンで撮ればいいのですけれど、場所ごとに配筋が違いますし、ましてや図面と実際の工事が合ってない場合がある。さらに鉄筋がさびてきたらどうやって補修するのかきわめて難しいです。

それから、配管、配線類は、露出でないと、取り替えができません。また、大きな設備の機械を、どうやって取り替えるのか。ボイラーなどは四〇年から五〇年で更新しなくてはならないわけで、道づれ工事なしでできる自信のある建物は少ないのです。こういったことは、すべて今後の問題だと思っています。

もうひとつ、かつては、工事費のうち、カーテンウォールは三〇パーセント、鉄骨は三〇パーセントなどと言われていましたが、今は、設備部分が全体の工事費の五〇パーセントを超えるわけです。にもかかわらず、設備を分離発注にしているものだから、クライアントに対して、誰が責任を取れるのか、あいまいになっている。これは大問題だと思っています。

ですから、昨今、重要な梁に設備用の穴を開けてしまったりというようなことが問題になっているでしょう。また、天井が落ちるという事故も、天井裏に配管がいっぱい入っています。ダクトなどの設計は、躯体の設計が終わった後ですから、現場が始まってみないと、天井裏の実態はわからないのです。なので、ダクトから天井を吊ったりと、たいへん危ないことになってしまうのです。

分離発注にして、それぞれが勝手にやってしまえるようにするのは、きわめて危険です。そういうと、単純にゼネコン一括発注だとみんな思うのでしょうが、必ずしもそうではなくて、コントロールするのは、設計事務所でもいいのです。性能、つまりパフォーマンス（Performance）と、価格、つまりコストではなくプライス（Price）と工期（Period）を一括して約束する責任者のあることが必要と思っています。

設計と工事監理の分離は、もっての外です。こういうことを言うと、建築家のみなさんや建築家協会には抵抗があるかもしれませんが、誰がクライアントに対して責任を取るかということです。建築家がクライアントから仕事を受ければ、建築家の下にゼネコンがつく。ゼネコンが受けた仕事であれば、その下で設計者が図面を描くのは当然です。設備の費用が五〇パーセントを超えれば設備会社がクライアントから仕事を受けて、その下に建築会社が入るのも当然のなりゆきかと思います。特にリフォームの場合には、設備会社が元請になることがありえます。たとえば、ボイラーを取り替えるのでも、壁を壊して機器を更新して、その後を直すのにゼネコンが入ることもあるでしょう。

何はともあれ、一括で契約して、工事責任の所在が明確なことが、クライアントにとって必要なことは間違いありません。

若い人へのメッセージ

若い人に言いたいのは、「旧来の陋習《ろうしゅう》を打ち破り」といいますが、建築界にはこれまでいろいろ蓄積された経験があります。そういうことに目を向けて、新しい方向を考えてもらいたいです。日本の建築基準法は、制定された一九五〇年以来、澱《おり》が溜まって今や健全に機能しているとは思えません。ではどうすればいいかというと、僕は、建築士法を再構築して、建築士に責任を取らせる仕組みにするのがいいと思います。しかし、現代では、建築物の持主、つまり建築物の管理者が明確でなくなっているという困った事実が起きているのです。

身近な例でいうと、分譲アパートの区分所有もその一つです。区分所有権を何十人、何百人に分けてしまっては、長期に渡る全体の修理、修繕は非常に難しい。

もう一つは、建築物の投資対象化です。次々に転売されるし、管理者もどんどん変っていく。それでは、とても建築の安全性の保証はできません。

まず、建物を投資対象ではなくし、持主と管理者を固定する方法を考えなくてはなりません。価値のある建築をつくり、長持ちさせること。それに尽きるのではないでしょうか。

（このインタビューは、東京都杉並区の内田祥哉建築研究室にて二〇一三年九月二十四日、十一月十四日、十二月十六日、二〇一四年一月二十一日、二月十四日、の五回にわたって収録された。インタビュアーは、三井所清典、大森晃彦、野生司義光、戸田幸生、西川直子。テキストは、西川直子が原稿化し、内田祥哉およびインタビュアーが加筆、修正を行った。写真・図版提供については、内田祥哉建築研究室・平井ゆかの協力を得た）

原澤邸
（1974年）
撮影：井上玄

論考

建築とモデュール

生産のための建築体系

文●内田祥哉

1 モデュール[☆1]研究はなぜなくなったのか?

MC[☆2](モデュラー・コーディネーション)研究の経緯と現在の問題点

1950年代は、メートル法実施にともない世界的にMC研究が活発になりました。EPA(ヨーロッパ経済共同体・EUの前身)、ドイツ、フランス、インド、フィンランドなどが研究を進め、百花繚乱の時代でした。そんな中、アメリカはインチを生産の単位に使用していたためMC研究には関心がなく、ヨーロッパの中でも当時かなり力があったイギリスは、独自にインチを使用するという体制でした。

では「その頃の日本は?」というと、単位は尺の時代。そこで、雑誌『国際建築』の編集者田辺員人さんが中心となり、ヨーロッパから入ってくる情報を翻訳し、教えてくれたのです。私たちはその翻訳を頼りにヨーロッパと対等にMC研究を始め、その後、通産省・日本建築学会・日本建築センターも研究を主催するようになりました。

「寸法の単位は、どの位の長さが良いのか?」という問題を研究をしているうちに、単位寸法の長さというのは、世界中の人類に共通していることに気がつきました。つまり、「1尺」と「1インチ」は、ほぼ同じ位の長さなのです。イスラムや佛教の国々でも大体その位を基準に生活の単位寸法として使っているようです。

日本では「寸法の単位は91cmがいいのか? 1mがいいのか?」という深刻な議論がありました。今でも材料メーカーでは、91cmを1mに切り替えるか、90cmにするか、悩んでいらっしゃる方がいますが、私は90cmに切り替えた方がいいと言っていました。

いろいろな議論はありますが、日本は京間や江戸間など世界に類のない素晴らしい経験を持っ

☆1 モデュール……寸法のこと。Module
☆2 MC……モデュラー・コーディネーションModular Coordination。建築、構成材、部品などの寸法や配置を調整すること。(略) M.C.

ているのです。また、センチにしろインチにしろ「1」という数値は、絶対に重要です。センチの場合は、1cmでは小さすぎるので、「10cmもしくは1mにするのか？」という議論もあり、数値としては整数・自然数の中でどういう数が使いやすいのかという点がポイントです。

MC研究の議論が沸騰していた時代があったにも関わらず、今、何故火を消したように研究がないのかというと……。数値選びの研究が尽くされて「JIS」が決まったからです。ある意味かなりよく出来た「JIS」で、もはや研究することがなくなりました。

現在は、研究が途絶え、若い人の間では、研究があったことも知らないという状況ですから、MCを考えようとすると、一から研究を始める方も多いかもしれません。ところが、私たちが出した結果以上の新たな数表は探し出すことはできないと思うのです。そのことを知らないで、研究をするのは無駄なことと思います。

私はこの徒労を繰り返さないためにも、機会があればモデュールやMCの講義をしたいと思っています。また、日本は江戸時代からの経験があり、MC経験が深い国なので、新たにメートル制を導入する国（東南アジアやアジア諸国）にも、「過去の経験談」を語り、理解を深めていただけたらとも思っています。

2 モデュラーコーディネーションの基本と基礎

江戸間と京間から学ぶ[☆3]

日本では、一般の方へ「MCとは何か」を説明をする際「3600mm角の8畳間に畳を8つ敷き詰める方法」と、いうとすぐに分かってもらえます。

☆3 **京間と江戸間**……MCの代表的手法。

京間●畳の寸法を統一。柱間が微妙に変わる。ダブルグリッドである。

江戸間●約3尺を単位とするグリッド（方眼）に従ってつくられる。柱心をグリッドの交点に合わせて配置するという約束で、システムを構成。畳の大きさは八畳間と四畳半で異なる。六畳間には微妙に寸法の違う2種類の畳が必要となる。シングルグリッドである。

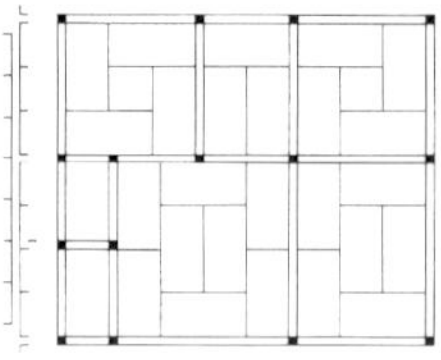
京間

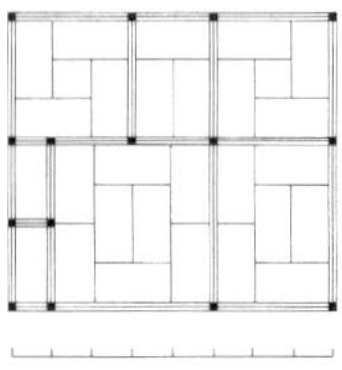
江戸間

例えば、京間は畳の寸法が規格統一されており、その畳はどこへ持っていっても入るようにできています。その代り柱間の寸法を計る際には、畳の寸法に柱の太さを足さなければなりません。江戸間の場合は、柱の寸法が3尺の倍数で規格化されているので、柱間寸法の計算は楽ですが畳の大きさが1種類ではないのです。

江戸間は畳の種類が7種類以上ありますが、実はこれだけではないのです。というのも、家が歪んでいると、畳屋さんは部屋にあわせて1枚毎につくっているので。京間も本当は全てサイズが違うのです。このようなところが日本建築の造り方の上手さですよね。つまり、畳は洋服に例えると、プレタポルテのようなものなのです。家の完成直前に部屋の寸法を計り、畳を仕上げます。それゆえ、生産の手間に関しては京間も江戸間もあまり違わないと思っています。

ヨーロッパには畳のような大きな部品を、こじんまりとした空間に敷き詰めるという経験がありません。ヨーロッパはモデュールの基本がレンガで、江戸間と京間の違いに対する経験が市民にもないのです。いわゆるThickness Problem（厚さのある問題）に陥ると混乱するのです。日本では江戸時代から３００年、江戸間と京間などの経験から「結論がない」ということが分かっています。それを伝える必要があると思うのです。

グリッドラインから理解を深める

日本人にとっても畳の話は理解しても、「パネル」というと混乱します。「パネル」を建てるときは、グリッドライン（基準線）の線上に置くことが原則です。

しかし、床や天井のパネルを畳のように敷きつめる場合は、線内に置きます。将棋と碁の違いです。では、「線内に置くのと線上に置くのはどちらが良いのか？」という話になりますが、これ

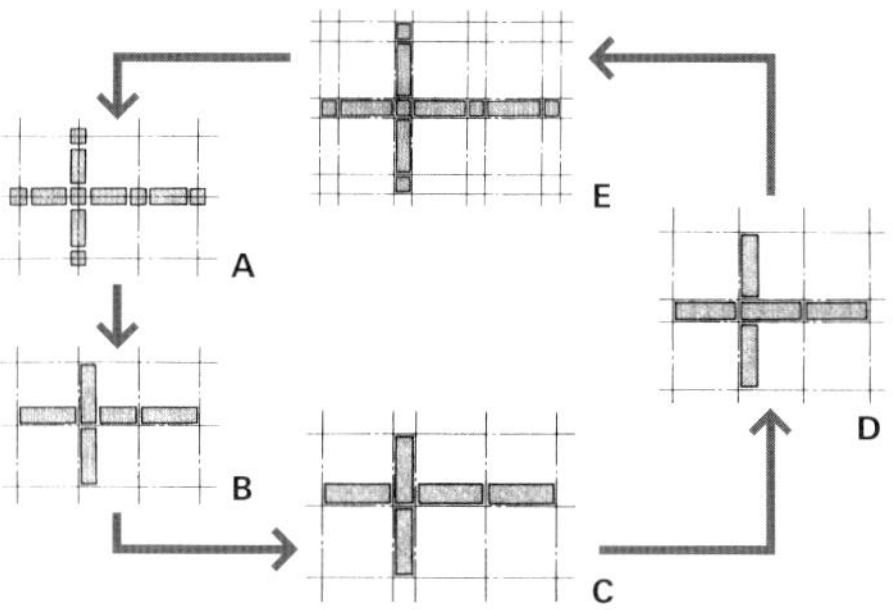

シングルグリッドか、ダブルグリッドかの堂々巡り

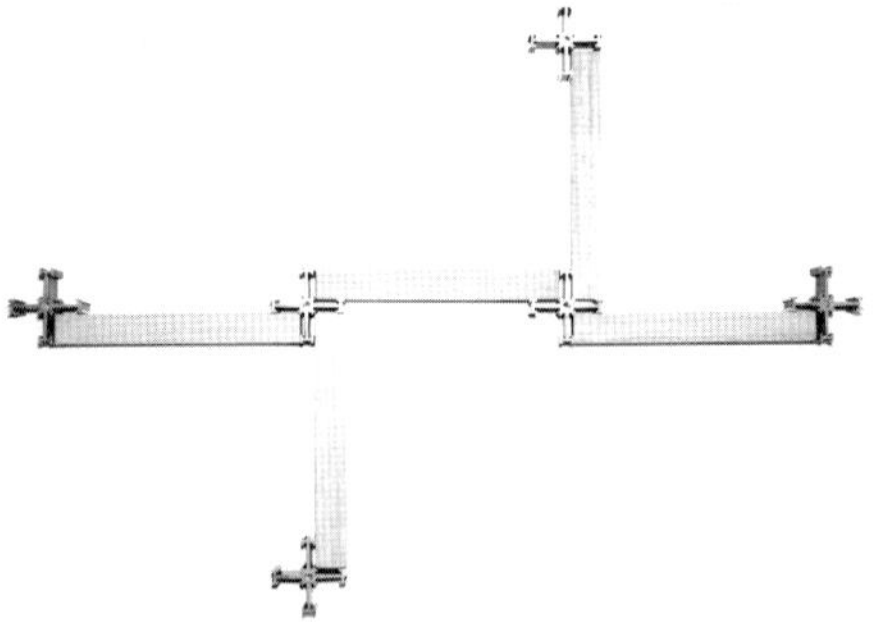

Uフレーム

は置くモノの形によります。

ここでグリッドラインには2種類の使い方があることがわかります。オフィスビルの中に間仕切りを置く(間仕切りパネルを立てる)際、最初思いついたのが「A」とします。グリッドライン上の交差点に柱を建ててその間にパネルを置くと「1種類の柱」と「1種類のパネル」で、できることがわかります。しかし、実際の現場は柱を1つ1つ立てるより、パネルをくっつけていく「B」の方が簡単なのです。しかし、この場合長さの短いパネルが必要になる。それを避けるため、縦の線を2本にしてダブルの線の中にパネルを入れると、全部同じパネルでできる「しめた!」と思ったものの「縦には入るが横には入らない!」ということに気づき、横にも線を入れる。すると今度は「交叉点に柱が必要になる?」。よく見ると、一番初めの「A」と同じになるわけです。これは、また堂々巡りです。

当時MC研究を重ねてきた人達は皆、この堂々巡りを繰り返していたわけです。ただし、解決方法はひとつあります。以前、東京大学の研究室でUフレームという、十文字の柱を建てパネルを卍に組むモノをつくったことがありました。

この方法だと、柱もパネルも1種類で、あらゆることが解決します。東大の図書室や建築センターの展示室で実施してみました。その発想の原点は襖です。引き違いの襖面が連続している情景を考えれば、日本人は壁面が凸凹していても満足できると思ったからです。これで堂々巡りから脱出できるのではと。しかし、実用上ではさまざまな不評につきあたりました。MCだけでなく建築には、論理的には解決しても、実用的には解決しないといった話がたくさんあります。

基準線の役割（部品配置に対して）

戦後、通産省でMCの研究が行われた中で基準線には2つの役割があることが明らかにされました。部材の「位置のみを定める基準線」と部材の置かれる「領域を定める基準線」です。

「位置のみを定める基準線」を使えば和小屋の曲がった部材も、大工さんが打つ1本墨で位置が決まってしまうのです。基準線に軸線をのせればいいので、部材は、はみ出していてもS字型に曲がっててもいい。日本の大工さんは江戸時代からこのようなことを知っていたのです。

「領域を定める基準線」の方は、部材の位置を、はっきり指定しないのです。金属の中に軸を通すときなどは、軸の太さを孔より少し小さくしなければいけません。その時の細めの寸法を「製作寸法」と呼びます。また、その元の寸法を「呼び寸法」と呼びます。間仕切りパネルなどを置く際、「製作寸法」に対し部材が「呼び寸法」の限界を守っていれば、隣の領域が侵されないため組立てがスムーズになるという考えがあります。

その実験をしたKEPという住宅公団のプロジェクトがありました。部品を工場でつくり、現場で組み立てるという実験なのですが、現場から大反論がおきてしまいました。部品相互が、隙間だらけで隙間を埋めるのに手間ばかりかかるというのです。実際の現場では、部品を端から寄せて、一番最後に余ったところに何かを詰めるのが普通で、隙間の数は少ないほうがいいのです。

「隙間嵌め」と「締まり嵌め」

畳と敷居の間に隙間はありません。なぜ隙間がないかというと、畳をちょっと大きめに作って押し込むからです。池辺陽さんがつくられた「隙間嵌め」「締まり嵌め」という言葉があります。「締まり嵌め」とは、柔らかいモノは、大きめにつくって押し込めばいいという考え方です。レンガや石を扱っている限り、この言葉は関係ありません。

ヨーロッパ風の木造の継ぎ目は接合部に金物を使います。金物を使うので「隙間嵌め」になります。ボルトの穴やドリフトピンにも余裕がありそれを締め、木と木の間の隙間へグラウティングする。集成材を使うときがそうです。この方法は日本建築的ではなく、日本建築の木材の継ぎ目の考え方と、ヨーロッパの金物を使った継ぎ手仕口の考え方が異なることがわかります。その違いは「締まり嵌め」と「隙間嵌め」の違いということになるわけです。

最近日本では、集成材でも少し太めにつくって槌で叩き込む「締まり嵌め」も実現しています。

3 モデュール数値の選び方

モデュールの分類

モデュールとなる単位は、生活空間としてみても、生産上からみても 計測の簡便さからみても、都合が良い「デファクト・スタンダード」としての風格がなければなりません。

つまり「計測のための長さの単位」「生産のための大きさの単位」「生活空間としての広さの単位」「設計計画のための数値の単位」の4つの条件の全てが必要です。

レンガは片手で持てるというところから大きさが決まっているように、「生産のために都合の良い大きさ」が必要です。さらに、「設計のための寸法」として、なるべく単純な数値「ラウンドナンバー」も使用するようにしたいのです。

●E.P.A.

					1					
				2	5	3				
			4	10	6	15	9			
		8	20	12	30	18	45	27		
	16	40	24	60	36	90	54	135	81	
32	80	48	120	72	180	108	270	162	405	243

数値提案の検証の流れ

１９５０年代、イタリア、ソビエト、ドイツ、オランダ、フランスなど世界中でさまざまな提案がされました。私たちが最も参考にしていたのはＥＰＡの提案（１９５５）でした。

当時、数多くの提案が出たモノには「10cmはあるが、１０００cmは無い」というモノが多かったのです。そこで、私は10進法に乗せて（デシマル）、小さい寸法にも大きな寸法にも同じように使える数値に挑戦しました。そしてモデュールとして使いやすい数値を並べた「Ｄφ数表」をつくりました。数表の表現が、複雑だったので計算尺（原文を訂正）をつくったりしました。

１９６０年になって、大成建設の樋田さんから素晴らしい提案がありました。それは、２、３、５倍の軸で構成され、小数点の位置を自由にして読ませるモノで、これがあれば他はいらないのではと思うほど。そして、これを元に「ＪＩＳ」がつくられ、「JIS A 0001」では7倍軸を1行加え矩型に切断し、日本のＪＩＳとして40年間程、長い間の基準となりました。

Ｄφ数表を発見！

「Ｄφ数表」を樋田さんの表に書き込んでみたところ、左上図のような美しい格好になり、私の設計ではこの「Ｄφ数表」をいつも使っています。一般の設計はこれで間に合うはずです。

また、この数値は10進法の下で、桁数に関係なく有効数値として使えるので、無限小の世界から無限大の世界までを包含しています。

数表の数値は、右に2倍、左に5倍、下に3倍の数値があり、こうした関係は部品の組立、分解に極めて有効です。「Ｄφ数表」は、表の周辺の数値になるほどに、なじみが薄くなるので、桁数が少なく、しかも周囲に仲間が多い数値を使う心掛けが必要です。

V	IV	III	II	I			I		II		III		IV	V
	625	125	25	5	1	2	4	8	16	32	64	128	256	
		375	75	15	3	6	12	24	48	96	192	384		
			225	45	9	18	36	72	144	288	576			
				135	27	54	108	216	432	864				
					81	162	324	648	1296					

●Dφ数表

モデュールの数表の検証

ところで、この数値よりもっといい数値があるのではないか、本当に使いやすいかどうか……などをチェックするさまざまな検証が提案されています。その一つにモデュールはラウンドナンバーであるという考えからの検証があります。

10進法でラウンドナンバー(Round Number／丸い数)とは、周辺の数値に比べ有効数値の少ない数(つまり10で割り切れる数値)のことです。それなら一般に、N進法での丸い数は、周辺の数に比べて約数の多い数だろう。それが清水建設の清水達夫さんの提案です。

清水さんはそれを次のように定義しています。「或る整数の約数の数が、その整数より小さい全ての整数の約数の累積平均より多い数を〝丸い数〟と呼ぶ」。そして、この数を拾い出してみると。

1、2、3、4、5、6、8、9、10、12、**14**、15、16、18、20、24、27、**28**、30、32、36、40、**42**、45、48、50、52、54、56、60、**63**、64

それを「Dφ数表」の数値と比較した場合、足りないのは「14、28、42、63」この4つの数だけです。

限られた数の数値で、乗除を満足させるには

その数値は写真のシャッタースピードと絞りの関係です。今はデジカメですから全て機械がやってくれますが、マニュアルの時代は自分で計算しながら露出設定をしていました。当時は、レンズの明るさを数値で覚えていたのです。その関係は、レンズの明るさとシャッタースピードを掛け合わせたものが同じなら露出は同じという原則です。

乗除算のための便利な数値には、10の10乗根を使います。これは無理数ですが、相互に掛け合わせているかぎりどんなに回を重ねても、10進法で10個以上の数値が出てこないのです。($(\sqrt[10]{10})^n$)を丸めた数値はなんと2の倍数で用が足り、「Dφ数表」の最上級がそれに当たるのです。

フィボナチとモデュール

モデュールを使って良いプロポーションの建築ができるのでしょうか。比例といえば建築界で注目されている「黄金比」、コルビジェの「モデュロール」ですが、これ迄述べてきた建築モデュールとは直接関係がないのです。「モデュロール」とは、黄金比の図形上の美しさに基づき、コルビジェが個人的に設計に使っていたモノサシです。

モデュロールの中には、フィボナチという言葉がよく出てきます。フィボナチはイタリアの数学者で、2つの数を次々と加算していくと黄金比に収斂するということを証明した人です。ところが、モデュロールの数値は黄金比を正確に計算し、それをラウンドナンバーに丸めているので加算性は不十分です。

黄金比とフィボナチの違いを、わかり易くしたのが左上図です。

黄金比の特徴は、矩形から短辺の正方形を除くと残りの矩形が、黄金比になり永久に続く点です。フィボナチには種があってその「長辺の正方形を種に足した矩形」が急速に黄金比に近づく

Renalt数とDφ数表…数値の検証3

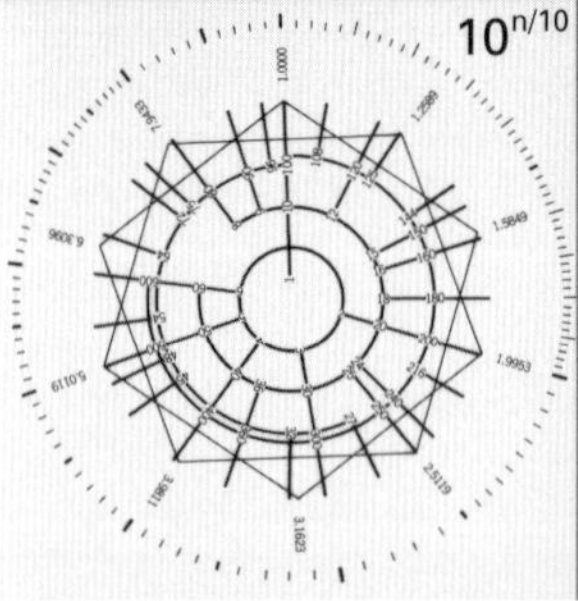

R20	R10	R5
1.0000	1.00	1.00
1.1220		
1.2589	1.25	
1.4125		
1.5849	1.60	1.60
1.7783		
1.9953	2.00	
2.2387		
2.5119	2.50	2.50
2.8184		
3.1623	3.15	
3.5481		
3.9811	4.00	4.00
4.4668		
5.0119	5.00	
5.6234		
6.3096	6.30	6.30
7.0795		
7.9433	8.00	
8.9125		

Le Colbusier Modul'orについて

Which makes the bad difficult, and the good easy (Albert Einstine)

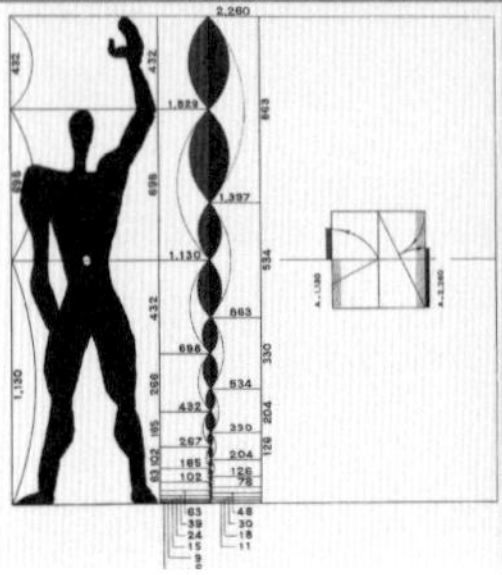

2262	2260	1130
1398	1397	698
864	863	432
534	534	267
330	330	165
204	204	102
126	126	63
78	78	39
48	48	24
30	30	15
18	18	9
12	11	6

上／ルナール数とDφ数表
下／モデュロール

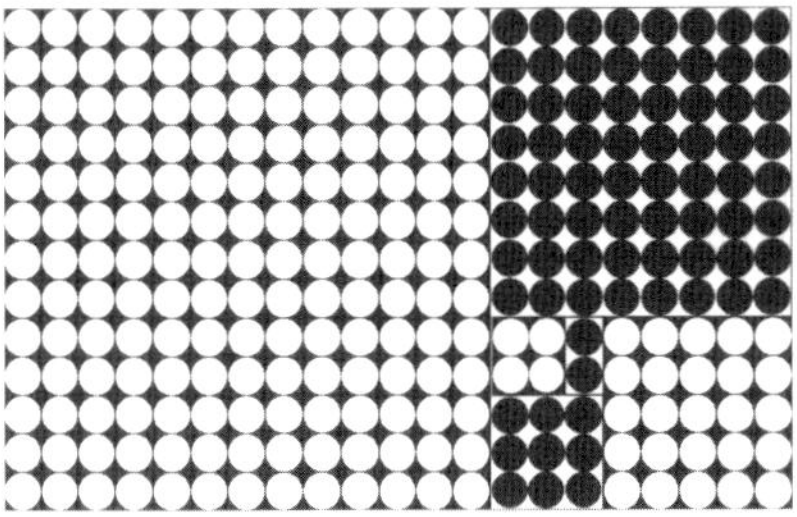

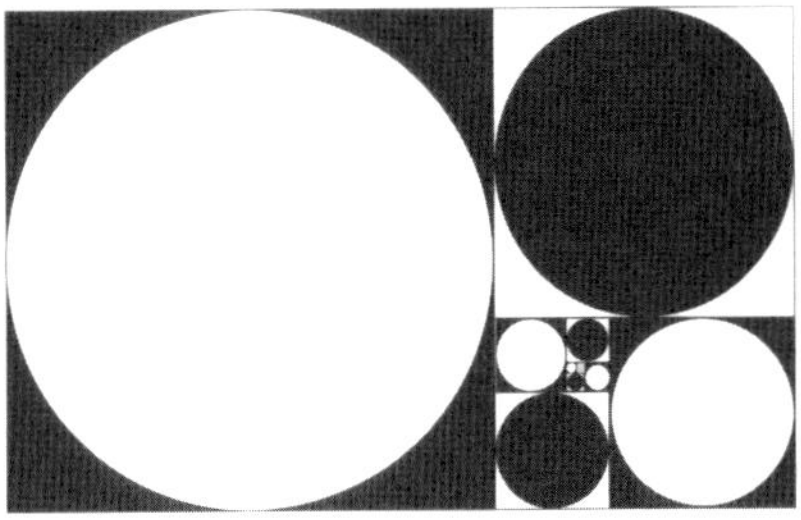

右／黄金比
左／フィボナッチ

●黄金比とフィボナッチ

この中に黄金比の矩形が一つあります。どれだかわかりますか？
（答え→93ページ）

のです。

さて、左図の中には、黄金比の矩形がひとつだけあります。どれが黄金比でしょうか。数値（比）を書き込んでみると、やはり黄金比は違うと思うかもしれませんが、遠くから見て区別できるでしょうか？　私は、黄金比でなくても3:5で十分だと思っています。

ちなみに「Dφ数表」の中で、フィボナチ数列がどのくらい使えるのかというと例えば5:3は左上と右下の関係でこの表中の至る所に見つけることができます。5:8でも180:288、90:144で黄金比に近似します。プロポーションとしての黄金比はこれで十分近似できるのではないでしょうか。

黄金比の特徴を私なりに解釈しますと……。たくさんの正方形の中に、辺の長さが少し違う形があると、見てすぐにわかります。例えば正方形で窓を割り振り、開き戸をひとつ造ると、そこだけガラスが縦長になります。ところが、黄金比の矩形で割り付けると、多少縦が長くなっても矩形で、短くなっても長方形なのです。黄金比とは、人間の感覚のどちらかといえば一番鈍感なところを狙って、多少誤差があっても整然と見える「比」なのかもしれません。

4　モデュールの実例

実例1●「80cm」MCからの離別

新丸ビルの天井は60cmモデュールです。これは戦後長い間80cmモデュールであった超高層建築がついに30、60、90cmモデュールになったという、大変画期的なことだと思っています。

戦後、霞ヶ関ビルのモデュール建築は、当時大変高価だったスプリンクラーの間隔によって決められたと聞いています。法規上80cm間隔で、その数が一番少なくなるということでした。霞ヶ関ビルの可動間仕切りパネルなどは全て80cmモデュールとなり、次にできた新宿の三井ビルや浜松町の貿易センタービルなど、80cmモデュールが普及していったのです。スプリンクラーだけでなく、さまざまな規格が80cmでできてしまったのです。しかし80cmモデュールは、生活空間にとって少し狭く、設計数値としては3で割れない使いにくさがあります。それが、ついに新丸ビルで80cmモデュールと決別し60、90cmのモデュールになったのです。

NEXT 21外観
（撮影：大阪ガス）

実例2●NEXT 21

次に、オープンシステムによる100年住宅、大阪ガス実験集合住宅「NEXT 21」のMCを紹

91ページ答え……右上

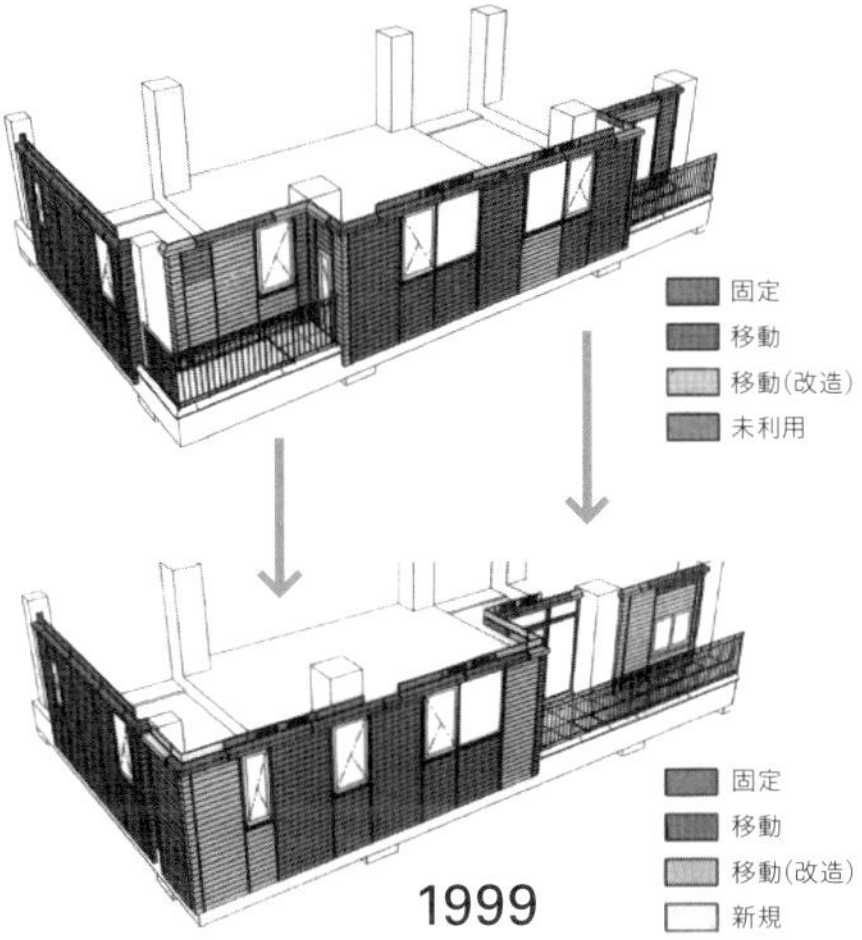

NEXT 21外壁移動の実験(一九九九)

介しましょう。

「NEXT 21」は、21世紀の間中、居住実験をし続ける条件で設計され、そのために将来造られる建物の各部品が耐用年数に応じて取り替えられることを考えています。

そこで、スケルトン(躯体)は100年、クラウディング(外壁)は25〜50年、設備は6〜12年などとして、耐用年数が長いものを壊さないで、短い部品だけを取り替えられるように、耐用年数に合わせた部品交換ができるMCにしようということです。

「NEXT 21」では外壁の移動という派手な実験をやりました。上図のパネルを移動し、下図のようにしました。しかも、設計の時は、足場を使わずに移動ができるという設定でしたので、実際も足場無しでやってくださった。現場の方からは「もう二度といやだ」という声もあったようですが。

結局、部品移動ができたのは、MCがきちんとできていたからです。

「NEXT 21」のMCの数値は、「Dφ数表」の下線の数字を使っています。最上段の数値は3で割れませんが2段目以下(原文を訂正)は3でも割れるからです。

「NEXT 21」は、現在のところ、最も先進的で、高度なモデュラー・コーディネーションされた実例です。この実例が、さらに実験、普及の過程を経て、洗練されたものに波及することを願っています。

(出典：一般社団法人東京建築士会オープンカレッジ銀座デザイン大学2009年第1回(2009年7月9日)記録より。図の指示について原文一部修正)

佐賀県立図書館
（1962年）
撮影：井上玄

年譜

年	年齢	経歴	業績・作品	背景	日本・海外の建築作品
1925（大正14）	0	5月2日、内田祥三・美祢の次男として、東京に生まれる		普通選挙法公布／山手線で環状運転開始／アール・デコ博	東京大学大講堂
1926（昭和元）	1			『アサヒカメラ』創刊	
1927（昭和2）	2				大隈講堂
1928（昭和3）	3			ラ・サラ（スイス）で第1回CIAM開催	
1929（昭和4）	4			ブラック・サーズデーから世界恐慌へ（10・24）	三井本館
1930（昭和5）	5			ミース・ファン・デル・ローエがバウハウス校長に	
1931（昭和6）	6	麻布小学校入学		満州事変	東京中央郵便局
1932（昭和7）	7	父の設計による「笄町の家」に住む 笄尋常小学校に転校		五・一五事件／満州国建国	服部時計店
1933（昭和8）	8			ナチ党政権獲得	
1934（昭和9）	9			伊勢湾台風	明治生命館
1935（昭和10）	10			アウトバーン開通	築地市場
1936（昭和11）	11			二・二六事件／ベルリンオリンピック	国会議事堂
1937（昭和12）	12			『ル・コルビュジエ全集 1910–1929』／盧溝橋事件	宇部市民館／東京帝室博物館
1938（昭和13）	13	武蔵高等学校尋常科（中学）入学		鉄鋼配給統制／オーストリア併合	
1939（昭和14）	14			第二次世界大戦始まる／ニューヨーク万博	
1940（昭和15）	15			フランス降伏／セメント配給統制／さくら天然色フィルム	
1941（昭和16）	16			太平洋戦争始まる（12・8）	

1942（昭和17）	17	高等科入学			
1943（昭和18）	18	3学期に盲腸炎から腸閉塞に			灯台東
1944（昭和19）	19	武蔵高等学校高等科卒業 東京帝国大学入学（9月）		東南海地震（12月）	
1945（昭和20）	20	空襲を笄町の家の屋根の上から見る（5月）		3・10＝東京大空襲（3・10）／ヒトラー自殺（4・30）／山の手空襲（5・25）／玉音放送（8・15）	
1946（昭和21）	21	兄・祥文、クモ膜下出血で急歿（3月）	兄・祥文の復興コンペを手伝う（新宿計画一等）	公職追放	
1947（昭和22）	22	東京帝国大学第一工学部建築学科卒業（9月） 逓信省技術員	煉瓦造住宅コンペ佳作	新日本建築家集団（NAU）結成	プレモス発売
1948（昭和23）	23		広島平和記念聖堂競技設計佳作	建設省発足／都市不燃化同盟設立	
1949（昭和24）	24	電気通信省勤務となる	▼盛岡電報電話局	中華人民共和国建国	
1950（昭和25）	25		▼松本電話中継所 ▼電気通信学園宿舎（第一期）	朝鮮戦争／住宅金融公庫設立／建築基準法、建築士法、国土総合開発法、文化財保護法公布	
1951（昭和26）	26		▼津島電話局（木造増築） ▼電気通信学園宿舎他（第二期） ▼江戸川電話局	第8回CIAM「都市のコア」／51C型標準設計	
1952（昭和27）	27	日本電信電話公社社員		サンフランシスコ講和条約発効／耐火建築促進法	
1953（昭和28）	28		▼電気通信学園宿舎（RC） ▼電気通信中央学園クラブ UHONグループとして名古屋放送会館コンペに応募、三等二席	テレビ放送開始／伊勢神宮遷宮	世界平和記念聖堂
1954（昭和29）	29	東京大学非常勤講師 山田明子と結婚	▼名古屋第二西電話局 UHONグループとして国立国会図書館コンペに応募、三等入賞	グロピウス来日／毛沢東が国家主席に	

年	年齢	経歴	作品・著作	社会の出来事	建築
1955（昭和30）	30		▼電気通信中央学園宿舎	日本住宅公団設立／日本軽量鉄骨建築協会	広島平和記念資料館
1956（昭和31）	31	日本電信電話公社を辞し、東京大学助教授	▼電気通信中央学園講堂		
1957（昭和32）	32		▼霞ヶ関電話局		
1958（昭和33）	33		Dφ数表（モデュール）	欧州連合（EU）	
1959（昭和34）	34			ダイワミゼットハウス発売	
1960（昭和35）	35		▼大森第三中学校 ▼ある離れ	世界デザイン会議／メタボリズム展／住宅地区改良法／日本最初期の量産型カラーテレビ発売	
1961（昭和36）	36	「建築構法の分析と綜合の研究」で工学博士	▼自宅	防火建築街区造成法／市街地改造法／特定街区制度	
1962（昭和37）	37	ソ連、東欧プレファブ調査団として初めて海外へ	▼佐賀県立図書館 ▼目黒区立第一中学校	キューバ危機／区分所有法	
1963（昭和38）	38			全国都市再開発促進連盟／容積地区制度	
1964（昭和39）	39		GUP1	毛沢東語録出版、東京オリンピック	東京オリンピック施設
1965（昭和40）	40	オランダからプレファブ視察団・オープンシステムを議論	GUP2＝PCプレファブ中層集合住宅 Uフレーム		
1966（昭和41）	41			文化大革命（鄧小平復活）／東海原発営業運転開始	
1967（昭和42）	42		▼佐賀県立青年の家 GUP3＝プレファブ高層住宅の計画 GUP4＝欧州石炭鉄鋼連盟コンペ		
1968（昭和43）	43		GUP5＝プレファブ大規模集合住宅 『プレファブ（近代建築の主役）』（講談社）	パリ五月革命／都市計画法／ポケットベル発売	霞が関ビル
1969（昭和44）	44	東京大学改革準備調査会第一次報告	『吉田鉄郎の手紙』（鹿島出版会）	安田講堂籠城、都市再開発法／アポロ11号月面に着陸	
1970（昭和45）	45	東京大学教授	▼佐賀県立博物館 ▼東京大学建築学科図書室 GUP6＝部品化住宅	大阪万博／関西電力美浜原発一号営業運転開始	お祭り広場

年	年齢	事項	作品・著作	社会	建築
1971（昭和46）	46	「佐賀県立博物館」で日本建築学会賞（作品）受賞（高橋靗一と連名）		福島第一原発一号営業運転開始	セキスイハイムM1
1972（昭和47）	47	自宅増築	▼自宅増築 GUP7＝BOX-UNIT	沖縄復帰／電卓「カシオミニ」発売／『成長の限界』	
1973（昭和48）	48	KEP（集合住宅用システムビルディング）委員会	GUP8＝大スパン学校建築	伊勢神宮遷宮	WTC
1974（昭和49）	49	GOD（中小規模庁舎用システムビルディング）委員会	▼原澤邸 GUP9＝丘陵地に建つ集合住宅	住宅数が世帯数を上回る／BL部品制度発足	
1975（昭和50）	50	ハウス55委員会		重要伝統的建造物群保存地区制度／ハウス55コンペ	
1976（昭和51）	51		▼GUP3-NTT	VHSビデオ発売／ミサワホームO型／システムキッチンの国産化／日本ツーバイフォー建築協会設立	住吉の長屋
1977（昭和52）	52		『建築生産のオープンシステム』（彰国社）	『ポストモダニズムの建築言語』	ポンピドーセンター
1978（昭和53）	53	「建築生産のオープンシステムに関する研究」で日本建築学会賞（論文）受賞	▼有田町歴史民俗資料館 GUP10＝低層住宅	『錯乱のニューヨーク』	
1979（昭和54）	54		▼武蔵大学マスタープラン ▼武蔵大学中講堂棟	『ジャパン・アズ・ナンバーワン』／ウォークマン発売	
1980（昭和55）	55	グスタフ・トラセンスター・メダル受賞	▼佐賀県立九州陶磁文化館 センチュリーハウジングシステム	日本初の自動車電話発売	
1981（昭和56）	56		▼武蔵大学図書館棟・教授研究棟 『建築構法』（市ヶ谷出版）	スペースシャトル打ち上げ	大阪芸術大学塚本英世記念館
1982（昭和57）	57		▼先人陶工之碑		
1983（昭和58）	58	「佐賀県立九州陶磁文化館」で日本建築学会賞（作品）受賞（三井所清典と連名）	▼武蔵学園中・高等学校増築 ▼有田焼参考館 日本建築セミナー		東京ディズニーランド
1984（昭和59）	59				
1985（昭和60）	60			国際科学技術博覧会／ゴルバチョフがソ連共産党書記長に就任／日本電信電話公社民営化	スパイラル
1986（昭和61）	61	東京大学退官 明治大学教授	木造建築研究フォラム 『造ったり考えたり』	二月バブル景気始まる／チェルノブイリ原発事故	

年	年齢	経歴	作品	社会	建築
1987（昭和62）	62		▼重ねられ、つなげて並べられる机 ▼大木邸	携帯電話 TZ-802B発売	
1988（昭和63）	63		▼武蔵学園濯川蘇生計画／第二学生ホール／科学情報センター 第一回内田賞（目透かし張り天井）		東京ドーム
1989（平成元）	64		▼ふるさとの館	ベルリンの壁とソビエトの崩壊／消費税法施行・税率3％	
1990（平成2）	65			FUJIX DS-X（世界初の市販デジタルカメラ）	
1991（平成3）	66		▼Vフレーム	二月＝日本経済バブルの崩壊	東京都庁舎第一本庁舎
1992（平成4）	67		▼武蔵大学五号館		ハウステンボス
1993（平成5）	68	日本建築学会会長	『建築の生産システム』（住まいの図書館） 『在来構法の研究――木造の継手仕口について』（住宅総合研究財団）	伊勢神宮遷宮	
1994（平成6）	69	日本学術会議会員	▼実験集合住宅NEXT21 ▼明治神宮神楽殿	民生向けデジタルカメラQV-10発売	関西国際空港旅客ターミナルビル
1995（平成7）	70			阪神淡路大震災／Windows 95／「インターネット元年」Yahoo! 開始	
1996（平成8）	71	明治大学教授退職 日本建築学会賞大賞受賞 実験集合住宅NEXT21で日本建築学会作品選奨受賞 内田祥哉建築研究室設立	▼武蔵大学守衛室	Yahoo! JAPAN開始／ポケベル最盛期	東京オペラシティ
1997（平成9）	72	金沢美術工芸大学特認教授	▼武蔵高等学校新棟 ▼武蔵大学六、七号棟	消費税率5％に	
1998（平成10）	73			Google開始	
1999（平成11）	74				
2000（平成12）	75		▼原澤邸改修		
2001（平成13）	76		ＮＰＯ木の建築フォラム発足 第8回（最終回）内田賞（畳）	9・11／Windows XP／最初の iPod／国土交通省	

年	年齢	経歴	作品・著作	社会	建築
2002（平成14）	77		『日本の建築を変えた八つの構法：内田賞顕彰事績集』	「ココログ」開始	
2003（平成15）	78	金沢美術工芸大学退職 同大学客員教授	『対訳 現代建築の造られ方』（市ヶ谷出版） ▼顕本寺本堂 ▼武蔵大学八号館 「内田祥哉展」（日本建築学会にて）		六本木ヒルズ
2004（平成16）	79				MoMA新館／金沢21世紀美術館
2005（平成17）	80				
2006（平成18）	81				
2007（平成19）	82			iPhone発売	
2008（平成20）	83			リーマンショック	
2009（平成21）	84		『日本の伝統建築の構法』（市ヶ谷出版）		
2010（平成22）	85	日本学士院会員 工学院大学建築学部特任教授	▼妙寿寺東祥苑		
2011（平成23）	86			東日本大震災	
2012（平成24）	87			Windows 8発売	東京駅丸の内駅舎復原／JPTower／ 東京スカイツリー
2013（平成25）	88	米寿を祝う会 （旧電気通信中央学園講堂にて）		伊勢神宮遷宮	
2014（平成26）	89		『建築家の多様』（建築ジャーナル）	消費税率8％に	

佐賀県立
九州陶磁文化館
(1980年)
撮影: 井上玄

●著者紹介

内田祥哉

1925年5月2日 内田祥三・美祢の次男として東京に生まれる
1938年 武蔵高等学校尋常科に入学(44年同高等科卒業)
1944年9月 東京帝国大学第一工学部建築学科に入学
1947年10月 逓信省技術員(49年電気通信省)
1952年 日本電信電話公社社員
1954年 東京大学非常勤講師
1956年 日本電信電話公社を辞し、東京大学助教授
1970年 東京大学教授(−86年)
1983年 日本建築セミナー設立
1986年 木造建築研究フォラム設立、明治大学教授(−96年)
1993年 日本建築学会会長(−94年)
1996年 内田祥哉建築研究室設立
1997年 金沢美術工芸大学特認教授
(−2002年、2002年同大学客員教授)
2010年 工学院大学特任教授、日本学士院会員

内田祥哉の本をつくる会

三井所 清典(アルセッド建築研究所・芝浦工業大学)/大森晃彦(建築メディア研究所)/平井ゆか(内田祥哉建築研究室)/野生司 義光(野生司環境設計・建築家会館)/戸田幸生(建築家会館)

●取材協力

NTTファシリティーズ中央/佐賀県立図書館/佐賀県立博物館/有田町歴史民俗資料館/佐賀県立九州陶磁文化館/清水耕一郎(アルセッド建築研究所佐賀事務所)/三浦清史(こうだ建築設計事務所) ほか

発刊にあたって

株式会社建築家会館は、わが国における建築家の活動拠点としての会館の建設をめざし、1961年、建築家前川國男を中心とする約180名の建築家の出資により設立された会社です。

主な事業として、①渋谷区神宮前に建設した会館建物の維持管理、②建築家賠償責任保険などの取扱い、③建築家クラブの運営、そして④建築家に関する書籍の出版を行うなど、建築家の活動を側面から支援しております。

多くの優れた建築家がその人生を建築にささげ、建築文化の発展に寄与してきた事実を記録として後世に伝えるとともに、広く社会に知らしめることが大切と考え、当社では「建築家会館の本」をシリーズで刊行しています。

鬼頭梓氏、大谷幸夫氏、上遠野徹氏、本間利雄氏、椎名政夫氏、池田武邦氏に続き、今回は意匠・設計のみならず広範囲な研究と教育をされ建築家に多くの影響を与えた内田祥哉先生の執筆です。「建築家会館の本7:建築家の多様――内田祥哉 研究とデザインと」と銘打って刊行しました。

本書の企画にあたり、さまざまな形でご支援いただいた皆様に感謝いたしますとともに、今後ともご指導ご鞭撻を賜りますようお願い申し上げます。

株式会社建築家会館
代表取締役 野生司 義光

[建築家会館の本]

建築家の多様 内田祥哉 研究とデザインと

2014年7月20日 初版第1刷発行

企画 株式会社建築家会館
編著者 内田祥哉+内田祥哉の本をつくる会
発行者 企業組合建築ジャーナル 竹下 孝
〒101-0032 東京都千代田区岩本町3-2-1
共同ビル(新岩本町)4F
TEL:03-3861-8101 FAX:03-3861-8205
HP:http//www.kj-web.or.jp

編集 西川直子
写真 井上 玄
装丁・カバー 奥村輝康
本文デザイン 村上 和
印刷・製本 英華印刷有限会社

定価はカバーに表示されています

ISBN 978-4-86035-096-3

有田町歴史民俗資料館
（1978年）
撮影：井上玄